Whippets

Text: Susanne Oschinski
Gestaltung: Anne Catherine Müller-Hermann

WHIPPETS

Text: Susanne Oschinski

Gestaltung: Anne Catherine Müller-Hermann

DANKSAGUNG

Wir danken allen, die uns unterstützt haben, uns unseren Traum von diesem Buch zu erfüllen. Danke all den Whippetfreunden, die uns unentgeltlich Photos ihrer Lieblinge zur Verfügung gestellt haben, insbesondere Corrine van den Broek, der wir die wunderschönen Coverphotos zu verdanken haben. Ein spezielles Dankeschön auch an Anne und Eva Christ, die sich über alle Maßen für uns und unser Projekt engagiert haben.

Die Autoren, im September 2007

Inhalt

Eine Liebeserklärung...

« AN DAS RENNPFERD DES KLEINEN MANNES »

Als ich zum ersten Mal einem Whippet begegnete, war es um mich geschehen.
So ein Fabelwesen wollte ich auch besitzen.
Diese Eleganz und Anmut, gepaart mit Zähigkeit und Kraft. Dunkle Rehaugen, weiches, kurzes Seidenfell, enormer Charme, einfach wunderbar.

Mittlerweile weiß ich, daß ich nicht alleine so empfunden habe, als ich das erste Mal einen Whippet sah.

Es gibt nur zwei Arten von Menschen, habe ich feststellen können: Whippethasser („Ihhh, wie dünn, zittrig, kein richtiger Hund.“) und die Liebhaber, die sofort von dieser Rasse fasziniert sind, einen eleganten, sportlichen und drahtigen Hund sehen, der zu jeder Schandtat bereit ist und dennoch anschmiegsam und gehorsam sein kann.

Später stellte sich dann heraus, daß diese Rasse noch weitere – für mich wichtige – Vorzüge hat.

Größe und Gewicht sind händelbar, so kann man einen Whippet ohne Probleme auch mal ein kurzes Stück tragen (sei es bei einer Verletzung oder ähnlichem) und der Zeitaufwand für die Fell– und Nagelpflege beschränkt sich auf wenige Minuten in der Woche.

Auch besitzt ein Whippet nicht den typischen „Hundegeruch“. Gesundheitlich gibt es keine besonderen Defekte, Whippets haben üblicherweise eine sehr hohe Lebenserwartung. So sind Hunde im Alter von 14, 15 oder gar 16 Jahren keine Seltenheit.

Meine Whippethündin passte sich problemlos unserem Leben an, das zum damaligen Zeitpunkt bereits von drei Katzen beherrscht wurde. Sie konnte nach kurzer Eingewöhnung auch mal gut ein paar Stunden alleine bleiben und ließ sich einen gewissen Grundgehorsam ohne größeren Aufwand beibringen.

Ebenfalls problemlos waren Fahrten in den Urlaub – auch in den besten Hotels und Restaurants war unser Whippchen gerne gesehen. Nie werde ich den Ausspruch eines Ur–Bayern vergessen, der an der Kasse einer Seilbahn saß und auf unsere Bestellung von 3 Fahrkarten (zwei Erwachsene und ein Hund) spontan erwiderte: „Joh mei, dös is doch koa Hund“. Auch Bemerkungen wie: „Schau da kommt ein Reh!“ waren keine Seltenheit.

Zuhause sind Whippets ruhig und ausgeglichen und gehören keinesfalls zu den Kläffern. Sie schlagen zwar an, wenn es an der Haustüre klingelt oder ein fremder Hund am Gartenzaun entlang läuft, hören aber auch genauso schnell wieder damit auf und relaxen. Auch freuen sie sich unbändig über Besucher. Jeder wird überschwenglich begrüßt – nach kurzer Zeit ziehen sich die Whippets dann jedoch wieder zurück, um sich auszuruhen. Leider sind sie völlig ungeeignet als Wächter, eher würden sie dem Einbrecher noch beim Abtransport des Diebesgutes helfen

als diesen – so wie es sich für einen guten Hund gehört – ins Bein zu beißen.

Aber Whippets sind auch nicht für jedermann geeignet. Wenn Ihr Hund ein Wachhund sein soll, Sie absoluten Gehorsam erwarten, bei Regen oder Kälte stundenlang spazieren gehen wollen oder Hunde bei Ihnen prinzipiell nicht in die Wohnung, geschweige denn aufs Sofa oder gar ins Bett gehören, dann befürchte ich, ist der Whippet wirklich nicht der richtige Hund für Sie.

Noch heute hängt ihm seine Vergangenheit als „Rennpferd des kleinen Mannes“ nach und er wird nur auf seine Eigenschaft als Rennhund reduziert, obwohl er doch so viel mehr kann. Dies fällt besonders den Whippetbesitzern auf, die sich fast täglich beim Spaziergang Bemerkungen ausgesetzt sehen wie: „Der wird aber noch größer, der muß aber rennen, gell, der ist schnell, der ist aber dünn, der braucht wohl besonderes Futter, der braucht aber viel Auslauf“ und so weiter und so fort.

Selbstverständlich sollte auch der Whippet mindestens einmal am Tag Gelegenheit bekommen, sich richtig auszutoben und zu strecken – natürlich am besten dort, wo es keinen Autoverkehr gibt. „Überfahren werden“ ist leider noch immer eine der häufigsten Todesursachen beim Whippet.

Gibt man ihm diese Möglichkeit, ist er Zuhause der reinste „Couchpotato“. Am liebsten entspannt er sich dann auf dem Sofa oder Sessel und sucht die Nähe seines Besitzers – bis zum nächsten Spaziergang. Spaziergänge im Regen sind allerdings äußerst unbeliebt, da zieht der Whippet das warme und weiche Sofa vor. Als großer Sonnenanbeter kann er in der größten Hitze noch in der Sonne liegen. Im Bett sucht er ebenfalls die Wärme und liegt am liebsten unter der Bettdecke. Also, bitte nicht wundern!

Bereits als Welpe an Katzen, Hasen oder Meerschweinchen gewöhnt, können sie die dicksten Freunde werden. Läuft aber die Nachbarskatze über das Grundstück, erwacht wahrscheinlich umgehend der latent vorhandene Jagdtrieb. Whippets gehören zu der Kategorie der sogenannten Sichtjäger. Das heißt, sie jagen rein das, was sie sehen: aufgescheuchte Hasen, Karnickel oder Rehe. Deshalb gehen sie in der Regel nicht mit der Nase am Boden einer Fährte nach. Dies hat natürlich den Vorteil, daß der Besitzer das betreffende Gelände überschauen und beobachten kann, ob Rehe oder Hasen dort ihr Unwesen treiben. Ist die Gegend „sicher“, kann der Whippet natürlich von der Leine gelassen werden. Am besten geeignet sind große, übersichtliche Wiesen oder Felder. Aber Achtung: Sie werden staunen, wie schnell ein Whippet ist und wenn er mal richtig loslegt – am Besten gar nicht hinschauen – bleibt auch mir bei der Geschwindigkeit und den akrobatischen Einlagen immer mal wieder fast das Herz stehen.

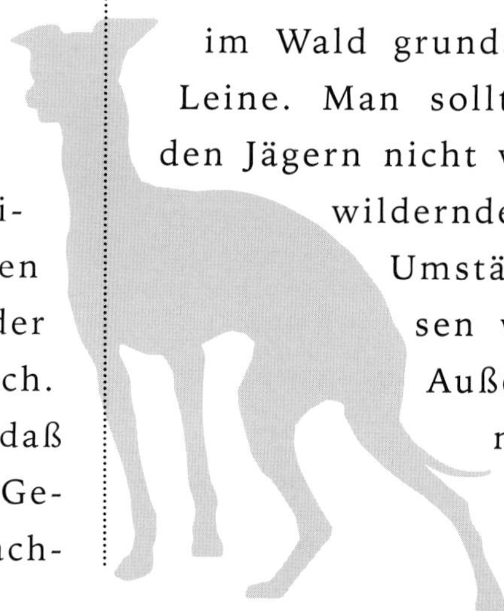

Meines Erachtens gehören Hunde im Wald grundsätzlich an die Leine. Man sollte es sich mit den Jägern nicht verscherzen, da wildernde Hunde unter Umständen erschossen werden dürfen. Außerdem bringt man sonst die Waldtiere unnötig in

Gefahr. Generell zeigt sich der Whippet äußerst intelligent und lernbereit. Es gibt mittlerweile unzählige Whippets, die eine Begleithundprüfung abgelegt haben, im Agility und Flyball aktiv sind oder auch eine Ausbildung zum Therapiehund bewältigt haben. Man muß sich nur darüber im klaren sein, daß eine Whippeterziehung nie mit Strafe oder gar Gewalt geschehen kann. Nur durch positive Bestärkung und Lob kann beim Whippet das erreicht werden, was man von ihm möchte. Nie jedoch wird sich ein Whippet auf den Befehl „Sitz“ auf nasses Gras oder in den Matsch setzten. Er wird Ihnen einen fassungslosen Blick zuwerfen, der Sie fragt: „Das ist ja wohl nicht dein Ernst?“ Dieser Charakterzug sollte vor allem bei der Auswahl einer geeigneten Hundeschule oder Welpenspielstunde im Vordergrund stehen. Fallen da Sprüche wie „Nee, das ist ein Windhund, den kann man nicht erziehen!“ oder sollten gar Kettenwürger ausgepackt werden, schauen Sie sich lieber nach einer anderen Ausbildungsstätte um. Mittlerweile gibt es auch eine große Auswahl an modernen Hundeschulen.

Zu guter Letzt kann ein Whippet natürlich auch recht stur sein. Wenn man manchesmal glaubt, man erzöge den Hund, kann man auch zum Schluss kommen:

Der Whippet erzieht sich seinen Menschen!

Multitalent Whippet

« EIN HUND FÜR ALLE FELLE »

Es ist erstaunlich und erfreulich, wie sich das Bild des Whippets in den letzten Jahren gewandelt hat. War er bis in die 90er Jahre „nur" als Rennhund bekannt, fanden sich nun doch immer öfter Hundefreunde, die einen Whippet als Familienhund halten wollten. Klar, seine Vorteile – kurzes Fell, gute Größe, wenig Hundegeruch, elegante Erscheinung – ließen sich nicht verleugnen.

Mit Whippets kann man seine Freizeit aktiv gestalten. Gerne gehen sie spazieren, oder begleiten den Besitzer auch beim Joggen oder Fahrrad fahren. Selbst Langstreckenläufer haben einen treuen Begleiter. Bällchen fangen, mit anderen Whippets herumtoben: Ein Augenschmaus für Whippetfreunde, diesen sportlichen, eleganten Hunden zuzuschauen.

Aber auch als reiner Familienhund ist der Whippet nahezu unschlagbar. Immer bereit, einen kleinen Spaziergang zu machen, wird er sich im Haus recht unauffällig verhalten. Seinen Sofaplatz oder sein Körbchen liebt er über alles und wenn die Sonne durch das Fenster hereinschaut, werden Sie Ihren Liebling dort finden, wo die Sonnenstrahlen den Boden berühren. Einen Whippet kann man nicht im Zwinger halten oder abgeschieden vom Familienleben, er möchte im-

mer dabei sein und das Leben mit seinem Besitzer teilen.

Selbstverständlich gibt es auch keine Probleme mit Kindern in der Familie. Jedoch sollte man vernünftigerweise nie einen Hund – egal wie kinderlieb er zu sein scheint – mit Kindern allein lassen, wenn sie noch im Krabbelalter sind. Ein Missverständnis zwischen Kleinkind und Hund, zu dem es sehr schnell kommen kann, und schon ist das Verhältnis zerstört. Hunde und Kleinkinder gehören immer unter Aufsicht, beide haben zu lernen, sich gegenseitig zu respektieren. Auch das Kind muß lernen, daß der Hund seinen Rückzugsraum benötigt und nicht immer bereit ist, als Spielzeug herzuhalten.

Oft habe ich in der Vergangenheit sehr viele Kinder und Whippets erlebt, die sich abgöttisch liebten und fast unzertrennlich waren. Da gab es Tränen wenn „Bruder Whippet“ plötzlich nicht mit in den Kindergarten durfte. Besonders bewegt hat mich ein kleiner Junge, so ca. 4 Jahre alt, der plötzlich bei einem Spaziergang auf uns zugerannt kam, sich auf die Knie warf und die Arme um unseren Whippet schlang. Er rief aus: „Oh, mein Lieblingshund!“, obwohl wir den Jungen noch nie zuvor gesehen haben. Es war wohl Liebe auf den ersten Blick.

Selbst Hundesportinteressierte entdeckten in den letzten Jahren den Whippet für sich.

Wenn man nicht gerade eine Gänseschar oder eine Schafherde sein Eigen nannte, um so die beliebten Hütehunde wie Australian Shepard oder Border Collie den ganzen Tag zu beschäftigen, suchte man einen passenden Hund, der bereit war sich sportlich zu engagieren und relativ leicht zu erziehen war ohne dabei ständig unter Hochspannung zu stehen.

Siehe da, der Whippet trat auf die Bildfläche.

Noch belächelt („Ach, ein Windhund, na, den kann man aber nicht erziehen." oder „Was will denn die halbe Portion hier?") setzten sich die ersten, stolzen Whippetbesitzer in Hundesportvereinen durch, machten Begleithundprüfungen und begannen mit Agility.

Mittlerweile gibt es sogar Whippets, die sich in den Tiefen der Fährtenarbeit wiederfinden (was Langnasen so alles können) oder sogar eine Ausbildung als Rettungshund absolvieren. Weitere Whippet–Unterhaltungsmethoden sind Dogdancing – oder wie sieht es denn mit Hundefrisbee aus? Mit einem Whippet sind der Fantasie keine Grenzen gesetzt. Probieren Sie doch einfach mal aus, was Ihnen und Ihrem Hund so Spaß macht.

Natürlich kann man auch den ursprünglichen Whippet-Interessen nachgehen: Rennen und Coursing. Vielleicht macht Ihnen ja auch das Ausstellen ein wenig Freude.

Windhundrennen

In Deutschland gibt es ungefähr 20 fest installierte Rennbahnen für Windhunde, seit einigen Jahren neben den Grasbahnen auch Sandbahnen, die schonender für Muskeln und Gelenke sein sollen. Erfreulicherweise ist das Wetten bei Hunderennen nicht erlaubt, sodaß es wirklich nur um einen

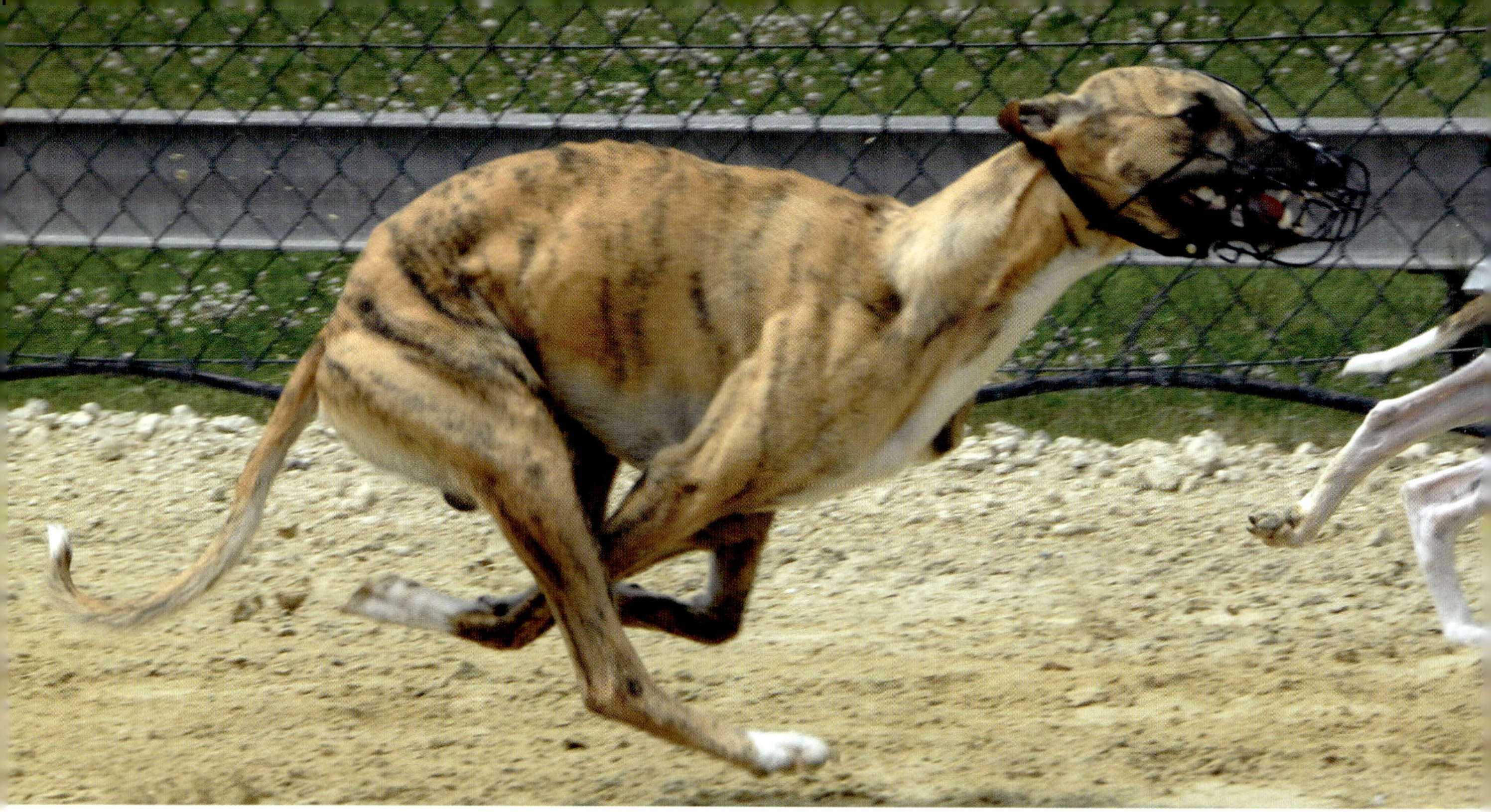

Plastikpokal und die Ehre geht.

Die Hunde laufen einem künstlichen „Hasen“ hinterher. Der „Hase“ ist ein mit einer technischen Vorrichtung geschleppter Dummy, der den Jagdtrieb der Hunde anregt. Da Windhunde – anders als die meisten Hunderassen – primär mit den Augen jagen, ist ausschließlich die Bewegung des Objektes entscheidend, nicht sein Geruch oder sein Aussehen. Häufig besteht der „Hase“ einfach aus einem Bündel Flatterband. Die übliche Bahnlänge für Windhundrennbahnen in Deutschland beträgt 480 Meter. Whippets laufen in der Regel kürzere Strecken. Am Ende wird die Zeit gemessen – teilweise mit Einlauffotos. International gibt es natürlich auch Europa- und Weltmeisterschaften, an denen Teilnehmer aus der ganzen Welt mit ihren Windhunden am Start sind. Gerade Whippets sind sehr eifrig auf der Rennbahn und gehören zu den Windhundrassen, die meist vor lauter Aufregung vom Start bis ins Ziel bellend dem falschen Hasen nachrennen. Wer seinen Whippet als „Couchpotato“ von Zuhause kennt, wird auf der Rennbahn einen völlig neuen Zug an seinem Hund kennenlernen.

Gerne werden Ihnen die „alten Hasen“ auf den Windhundrennbahnen am Anfang beistehen und Ihnen zeigen, wie sie Ihren Whippet am besten trainieren und in den Startkasten bekommen. Aber lassen sie sich nicht ins Bockshorn jagen, ein Whippet muß nicht auf die Rennbahn, um glücklich zu sein. Wenn es Ihnen aber Spaß machen sollte, ist dies durchaus eine Beschäftigung mit der man seine Wochenenden verbringen kann.

Coursing

Coursingveranstaltungen finden meist auf einem Feld oder einer großen, freien Wiese statt. An verschiedenen, unregelmäßigen Stellen sind Rollen befestigt, über die ein Zugseil ausgelegt wird. Am Ende des Zugseils befindet sich wie auf der Rennbahn der „Hase“. Ziel hierbei ist, eine echte Hetzjagd zu simulieren, bei der die Beute auch Haken schlagen kann. Es starten immer zwei Hunde. Das Verhalten der Hunde wird von mehreren Coursingrichtern anhand von Punktevergabe bewertet. Hierbei ist weniger entscheidend, welcher Whippet am Schluß die Nase vorn und den Hasen im Maul hat, vielmehr wird die Fähigkeit der einzelnen Hunde, im Team zu jagen, bewertet.

Zuchtschau

Vielleicht möchten Sie ja mal eine Ausstellung besuchen? An den Sommerwochenenden finden quer über die Republik verteilt sogenannte Zuchtschauen statt. Jeder Rassehund hat einen Standard, der bei der F.C.I. (Féderation Cynologique Internationale) hinterlegt ist. Auf diesen Veranstaltungen wird festgestellt, inwieweit der Hund diesem Standard nahekommt. Man sollte zuvor ein wenig mit seinem Hund geübt haben. Er sollte sich ohne Probleme von Fremden anfassen und die Zähne kontrollieren lassen und einigermaßen manierlich an der Leine laufen. Gerne hilft Ihnen da bestimmt Ihr Züchter weiter und greift Ihnen mit einem kleinen „Ringtraining“ vor der Show unter die Arme. Die Hunde sind in verschiedene Klassen eingeteilt, vom Jüngsten, der sich schon mit 6 Monaten präsentieren darf, bis zum Veteranen, der zeigt, daß auch alte Whippets noch wunderschön sein können. Informationen darüber, wo solche Zuchtschauen stattfinden, können Sie der Webseite des Rassehundezuchtvereins entnehmen.

Begleithundprüfung

Das, was in der Begleithundprüfung gezeigt wird, wird offiziell als „Unterordnung“ bezeichnet und soll unter Beweis stellen, daß der Hund seinen Hundeführer als „Rudelchef“ ansieht und daher die von diesem gestellten Aufgaben gerne erfüllt. Es gibt dazu in Deutschland verschiedene Prüfungsformen, wie zum Beispiel die Begleithundprüfung des DHV (Deutscher Hundesport Verband), der dem VDH/F.C.I angehört. Diese Prüfungsform hat deutschlandweit Gültigkeit und ist Voraussetzung, um an Agility–Turnieren teilnehmen zu können.

Hier müssen Hund und Besitzer zunächst ein Schema aus verschiedenen Geraden und Winkeln laufen, der Hund sollte an lockerer Leine mit dem Kopf auf Kniehöhe des Besitzers gehen. Es werden verschiedene Tempowechsel gefordert. Außerdem muß der Hund sicher durch Menschengruppen hindurchlaufen können.

Abzüge gibt es zum Beispiel für ein Zurückhängen des Hundes oder an-der-Leine-ziehen.

Dieses Schema wird anschließend noch einmal ohne Leine gezeigt, was natürlich wesentlich schwieriger ist.

Dann folgt die Sitzübung: Der Hund läuft ohne Leine bei Fuß und soll sich auf das Kommando „Sitz" des Hundeführers aus der Bewegung möglichst schnell hinsetzen (und vor allem sitzenbleiben), während der Besitzer 30 Schritte geradeaus läuft, sich umdreht und seinen Hund wieder abholt. Dies

ist die schwierigste Übung für den Hund. Bei der Platzübung ist der Übungsablauf der gleiche. Auf entsprechendes Kommando legt sich der Hund hin und der Besitzer geht wieder 30 Schritte weit weg. Auf ein Zeichen des Richters wird der Hund gerufen und muß gerade vor seinem Besitzer vorsitzen. Anschließend liegt der Hund unangeleint und alleine in der Ablage, während ein anderer Hund das Schema läuft. Wenn dieser Teil bestanden ist, kommt noch ein Stadtgang, bei dem demonstriert werden soll, daß der Hund weder aggressiv auf andere Hunde reagiert, noch Jogger jagt oder ähnliches.

Außer dem DHV gibt es noch andere Verbände, die Begleithundprüfungen abhalten, zum Beispiel den Verband der hessischen Hundeschulen.

Agility

Agility ist eine klassische Teamsportart. Hund und Mensch bilden ein Team, wobei der Mensch den Hund durch einen Parcours führen muß. Dies soll möglichst schnell und ohne Fehler passieren.

Dabei gibt es Hindernisse, die übersprungen bzw. durchsprungen werden müssen. Stangenhürden, Besenhürden, Mauern, Weitsprung, Reifen sowie Kontaktzonengeräte, die überlaufen werden müssen. Dazu gehören: Steg, Wippe und die A-Wand.
Den Namen Kontaktzonengeräte tragen die Parcourselemente von der markierten Fläche im Anfangs– und Endbereich des Hindernisses, auf die der Hund beim Betreten des Gerätes mindestens eine Pfote setzen muß.
Zu der Familie der Tunnel, die es zu durchlaufen gilt, gehören der

Stofftunnel oder Sacktunnel und der feste Tunnel (lang und kurz). Ebenso muß der Hund für kurze Zeit auf einem Tisch verharren und einen Slalom mit maximal zwölf Stangen absolvieren, durch die er sich in eine bestimmte Richtung fädeln muß.

Um den Hunden untereinander eine reelle Chance zu geben, sich zu messen, erfolgt eine Unterteilung aller teilnehmenden Hunde anhand ihrer Größe und Leistungsfähigkeit. Je größer der Hund, desto höher die Hindernisse.

Man unterscheidet:

- Mini (Small)
  Schulterhöhe kleiner als 35cm
- Midi (Medium)
  Schulterhöhe kleiner als 43 cm
- Standard (Large)
  Schulterhöhe ab 43 cm

Außerdem erfolgt eine Einteilung in unterschiedliche Leistungsklassen:

A1
Voraussetzung: bestandene Begleithundprüfung, Mindestalter 18 Monate

A2
Voraussetzung: Dreimal in Klasse A1 unter den ersten Drei platziert, Formwert vorzüglich (das heißt fehlerfrei und von zwei verschiedenen VDH-Richtern bewertet), Turnier muß VDH-Veranstaltung sein

A3
Voraussetzung: Dreimal in Klasse A2 unter den ersten Drei platziert, Formwert vorzüglich (das heißt fehlerfrei und von zwei verschiedenen VDH-Richtern bewertet), Turnier muß VDH-Veranstaltung sein

Einziges Problem mit dem Whippet könnte sein, daß er für manche der Hindernisse zu schnell ist. So hat er eventuell Probleme, die sogenannten Kontaktzonen zu treffen – meist ist er zu übermütig, aber was soll's. Hauptsache es macht Hund und Halter Spaß!

Frisbee

Warum nicht mal mit seinem Hund Frisbee spielen? Gerade Whippets werden die kleine Scheibe mit spektakulären Sprüngen aus der Luft fangen. Diesen Sport kann man ohne viel Mühe und Ausrüstung auf jeder Wiese spielen. Lediglich ausreichend Platz, eine Frisbeescheibe, ein Hund der gerne apportiert und ein bisschen Geschicklichkeit beim Werfen der Scheibe sind notwendig – und schon kann es losgehen. Bereits seit 1975 werden Weltmeisterschaften für Hundefrisbee ausgetragen, und wen wundert's, ein Whippet konnte dreimal Weltmeister in dieser Disziplin werden.

Dogdance

Diese Sportart erlebt im Moment einen Aufschwung und findet neben den USA und England nun auch in Deutschland immer mehr Anhänger.
Beim Dogdance soll der Hund eine möglichst perfekte Fußarbeit und verschiedene Tricks wie Slalom, Drehungen, Wendungen oder auch Sprünge machen und das alles zusammen im Takt einer Musik, die Temperament und Neigung des Hundes angepasst ist. Das alles erfordert neben einem guten und freudigen Grundgehorsam vor allem die ständige Aufmerksamkeit des Vierbeiners in Richtung Hundeführer. Der Hundeführer sollte ein wenig Taktgefühl mitbringen und Freude daran haben, seine eigene Dogdance-Choreographie auf sechs Beine zu stellen.

Fährtenarbeit

Bei der Fährtenarbeit sucht der Hund mittels seines Geruchsinnes vorher ausgelegte Gegenstände in einem Wiesen- oder Ackergelände und muß diese durch entsprechendes Verhalten beim Auffinden anzeigen. Der vom Hund aufzunehmende Fährtengeruch entsteht größtenteils durch Verletzung des Erdbodens und Freiwerden bestimmter Boden– und Pflanzengerüche sowie des Individualgeruchs

des Fährtenlegers. Diesem Mischgeruch, der beim Legen der Fährte entsteht, soll der Hund folgen und somit die Fährte ausarbeiten.

Die Länge und Beschaffenheit der abzusuchenden Fährte sowie die Anzahl der Gegenstände richtet sich im Vielseitigkeitssport nach den entsprechenden Prüfungsstufen.

Ja, ich will!

« DIE ENTSCHEIDUNG »

Nun tragen Sie sich also mit dem Gedanken einen Whippet anzuschaffen. Bevor Sie sich nun endgültig entscheiden, sind wirklich nochmals alle Punkte gut zu überlegen:

Ein Whippet ist auf jeden Fall ein Familienhund. Er kann nicht den größten Teil des Tages in den Zwinger oder gar ins Bad gesperrt werden, sondern möchte bei seinem Menschen sein.

Haben Sie die nächsten Jahre genügend Zeit, sich um ihren Whippet zu kümmern?

Will die ganze Familie den Hund und sind sich alle sicher, den Whippet zukünftig mit in den Urlaub zu nehmen? Oder gibt es alternativ eine geeignete Pflegestelle (Oma, Tante etc.) für Ihren Whippet?

Können Sie sich die Kosten für Futter, Tierarzt (Impfungen oder auch mal Krankheit/Verletzungen), Versicherung, Steuer usw. leisten?

Haben Sie ein eigenes Haus mit eingezäuntem Garten? Wenn Sie in einer Eigentumswohnung wohnen, muß die Eigentümerversammlung beschlossen haben, daß Hundehaltung erlaubt ist. Wenn Sie zur Miete wohnen, muß der Vermieter sein schriftliches Einverständnis erteilen.

Wenn ihr Whippet mal mit Matschpfoten ins Haus kommt und Schmutz macht, sehen Sie das gelassen?

Ihr Rasen im Garten hat ab und zu braune Stellen oder weist Löcher vom buddeln auf – das macht Ihnen doch nichts aus!

Achtung! Ein Welpe ist anstrengend. Er wird Sie und Ihre Familie in der Anfangszeit ganz schön auf Trab halten. Es kann schlaflose Nächte, wilde Spiele, Löcher im Teppich, zerrissene Zeitungen und viel, viel mehr Chaos geben.

Vielleicht ein älterer Whippet?

Die Suche nach einem älteren oder bereits ausgewachsenen Whippet als neues Familienmitglied wird sich schwierig gestalten. Selten sind Whippets in Tierheimen oder als Nothunde in der Vermittlung. Ob es daran liegt, daß die Anzahl der gezüchteten Whippets noch überschaubar ist oder sich die meisten Züchter bei dieser Rasse intensiver und genauer ihre Welpeninteressenten aussuchen, wer weiß? Es kann jedoch durchaus mal sein, daß sich ein Züchter einen Hund aus einem Wurf zurückbehalten hat und diesen dann später doch abgibt. Glück gehabt!

Auswahl und Kauf

Falls Sie sich also ganz sicher sind, daß ein Whippetwelpe genau das Richtige für Sie ist, dann nehmen Sie den ersten Kontakt zu Züchtern auf. Dabei ist es wichtig, daß die Züchter einem Verein angehören, der dem Verband für das Deutsche Hundewesen (VDH) angeschlossen ist. Nur so ist auch wirklich gewährleistet, daß der Welpe aus einer kontrollierten Zucht stammt. Das heißt, die Zuchtstätte wurde vorher überprüft und Mutterhündin und Welpen wurden ebenfalls von einem so genannten Zuchtwart des Vereins in Augenschein genommen.

Selbst wenn Sie keinen Wert auf Papiere legen und nur einen gesunden Hund möchten, ist dies der sicherste Weg zu einem gut sozialisierten Welpen. Nur so kann unseriösen Hundehändlern eine Absage erteilt werden.

Sparen Sie bei der Anschaffung Ihres Whippetwelpen nicht am falschen Ende. Preise zwischen 900,- und 1.100,- Euro sind bei seriösen Züchtern üblich.

Kaufen Sie nicht den „erstbesten Welpen“, der Ihnen über den Weg läuft, nur weil er „billig“ zu haben ist.

Die Welpenvermittlungsstellen der Vereine sind gerne bereit, Ihnen aktuelle Züchterlisten zuzusenden. Diese geben Auskunft, bei welchen Züchtern Welpen zu erwarten sind oder liegen. Natürlich haben die Vereine auch aktuelle Seiten im Internet, auf denen Sie sich schon mal über die Züchter informieren können. Auch finden Sie dort ganz aktuell, welcher Züchter gerade Welpen hat oder einen Wurf erwartet.

Jeder Züchter muß die Vorgaben des jeweiligen Rassezuchtvereins bezüglich der Haltungs- und Aufzuchtbedingungen erfüllen. Darüber hinaus kann sich die Aufzucht durch räumliche Gegebenheiten oder die individuellen Gestaltungsmöglichkeiten eines jeden Züchters unterscheiden. Am besten Sie schauen sich einfach mal verschiedene Züchter an, lernen die Mutterhündin kennen und

INFOBOX

DIE ERSTEN LEBENSWOCHEN EINES WELPEN

1. bis 2. Lebenswoche
‹‹ vegetative Phase ››
Ohren und Augen sind noch verschlossen, lediglich der Geruchssinn führt den Welpen instinktiv zu den Zitzen der Mutter. Reine Instinkthandlungen.

3. Lebenswoche
‹‹ Übergangsphase ››
Öffnen der Augen und Ohren, Wahrnehmung von Geräuschen und Licht.

4. bis 7. Lebenswoche
‹‹ Prägungsphase ››
Wichtige Phase um auf den Menschen und andere Hunde geprägt zu werden. Die absolute Bindung an die Mutter nimmt ab, es werden raue Spiele mit den Geschwistern gespielt, Neugier und Entdeckung steht auf dem Plan.

8. bis 12. Woche
‹‹ Sozialisierungsphase ››
Nun muß der Welpe langsam und ohne Zwang, die „große Welt“ kennenlernen. Er muß täglich neue Dinge lernen und gezeigt bekommen, die er spielerisch selbst entdecken kann.

13. bis 18. Lebenswoche
‹‹ Rangordnungsphase ››
Der Welpe wird „Rangordnungspiele“ erfahren und so die Rangordnung kennenlernen.

17. bis 24. Lebennswoche
‹‹ Rudelordnungsphase ››
In einem Rudel wird er seinen Platz einnehmen.

hen, ob Ihnen die Haltungsbedingungen und der Züchter zusagen. Da Whippets keine „Allerweltshunde" sind, die es an jeder Straßenecke gibt, müssen Sie notfalls eine längere Anfahrt zum jeweiligen Züchter in Kauf nehmen. Aber Ihren neuen Computer kaufen Sie ja auch nicht im Laden um die Ecke, oder?

Die Aufzuchtbedingungen und das Wesen der Hündin haben einen großen Einfluss auf die Welpen. Deshalb sollten Mutter und Welpen ein freundliches, sicheres Verhalten an den Tag legen. Die Welpen sollten nicht in einem sterilen, aufgeräumten Lebensraum abgeschieden von allem aufwachsen, sondern viele Anreize in Form von Spielzeug, Geräuschen, Spieltunneln sowie anderen Tieren und Menschen haben. Ganz wichtig ist auch der enge Kontakt der Welpen zur Züchterfamilie. Alles was am Anfang in der Präge– und Sozialisierungsphase der Welpen versäumt wurde, ist nur sehr schwer aufzuholen.

Seien Sie nicht verstimmt, wenn der Züchter Ihnen viele Fragen stellt, um Näheres über Ihre Lebensweise und Lebensumstände zu erfahren. Jeder Züchter möchte auch sicher sein, daß seine Welpen einen optimalen Platz bekommen und ein Leben lang geliebt werden.

Dabei ist ein beiderseitiges Vertrauen unbedingt notwendig. Verheimlichen Sie dem Züchter nichts. Wenn Sie aber das Gefühl haben, nicht gut aufgehoben zu sein, suchen Sie weiter. Wenn sie bereits am Telefon – ohne vorherigen persönlichen Besuch – einen Welpen versprochen bekommen, gibt das unter Umständen zu denken.

Rüde oder Hündin?

Jedes Geschlecht hat seine Vor - und Nachteile. Rüden sind in der Regel etwas größer und kräftiger, beim Whippet ist das Dominanzverhalten beim Rüden nicht ganz so stark ausgeprägt. Er braucht deshalb auch keine „stärkere Hand“, sondern ist ganz genauso verschmust und anhänglich wie eine Hündin, vielleicht sogar noch ein wenig mehr.

Bekommt er natürlich den Duft einer läufigen Hündin in die Nase, sind oftmals Unruhe und Appetitlosigkeit die Folge. Auch kann er dann schon mal zum Ausreißer werden. Für manchen kann auch die Angewohnheit der Rüden unangenehm sein, an jedem Busch und jeder Hausecke das Bein zu heben, um zu markieren, also sein Hoheitsgebiet abzustecken.

Hündinnen werden im Alter von 8 bis 14 Monaten das erste Mal läufig. Dies wiederholt sich dann in einem Zyklus von 5 bis 9 Monaten. Während der Läufigkeit (auch Hitze genannt) muß sie unter ständiger Kontrolle gehalten werden. Die Läufigkeit dauert in der Regel 3 bis 4 Wochen. In dieser Zeit halten Sie die Hündin am besten an der Leine und fern von Rüden. Zu Beginn der Läufigkeit schwillt die Vulva an und während der ersten 10 bis 16 Tage sondert sich Blut ab, das gegen Ende heller wird. Aber Vorsicht, genau dann ist es nicht vorüber, die Tage sind am gefährlichsten und unbedingter Leinenzwang ist angesagt, wenn ungewollter Nachwuchs verhindert werden soll. Erst wenn die Schwellung komplett zurückgeformt sein. Ein seriöser Züchter wird Ihnen keinen Welpen mit Durchfall mitgeben, sondern warten bis der Welpe wieder ganz gesund ist!

INFOBOX

SO SIEHT EIN GESUNDER WELPE AUS

Gesunde Welpen sind robuste kleine Kerle, aufmerksam und aktiv, mit seidigem Fell. Sie sollten keine Schuppen oder gravierende Verletzungen haben, sollten keinesfalls lethargisch sein, entzündete Augen oder laufende Nasen haben. Auch sollte der Stuhl gut geformt sein. Ein seriöser Züchter wird Ihnen keinen Welpen mit Durchfall mitgeben, sondern warten bis der Welpe wieder ganz gesund ist!

WHIPPET-EINKAUFSLISTE

Ein Körbchen (bitte kein Weidekörbchen – abgenagte Weidestangen bergen Verletzungsgefahren) mit Decke, ggf. eine Decke fürs Sofa, Futternapf, Wassernapf, gangen ist und sich nichts mehr absondert, ist die Gefahr vorbei. Um den für Rüden verführerischen Geruch der läufigen Hündin ein wenig zu reduzieren, ist die Gabe von Chlorophyll Tabletten ganz hilfreich. Eine Kastration ohne medizinische Indikation, nur damit das zugegebenermaßen etwas lästige Läufigwerden der Hündin unterbleibt, ist meines Erachtens nicht zu bejahen. Es ist ein erheblicher Eingriff. Sollten Sie Bedenken haben mit der Läufigkeit nicht klar zu kommen, dann nehmen Sie sich lieber einen Rüden.

Bunter Hund gefällig?

Erfreulicherweise ist beim Whippet jede Farbe und Farbmischung erlaubt. Natürlich kann man einen einfarbigen oder einen gestromten

Gummistriegel, Krallenzange, jede Menge Spielsachen, eine Transportbox fürs Auto, eine Box für die Wohnung, in der er in der Anfangszeit zu Hause sicher ist vor seinen „Ausflügen“, Leine, Halsband.

LOBEN, LOBEN, LOBEN

Immer wenn Ihr Welpe etwas tut, was Sie von ihm verlangt haben, müssen Sie ihn loben. Selbst wenn er – nachdem Sie ihn gerufen haben – nicht sofort zu Ihnen kommt, sondern noch kleine „Welpenumwege“ nimmt, nicht tadeln (sonst kommt er das nächste Mal gar nicht) sondern loben! Der beste Hund der Welt!

Whippet schöner finden. Aber legen Sie sich nicht nur aufgrund der Farbe fest. Denn wie heißt es so schön? Ein guter Hund hat keine Farbe!

Zwei sind besser als Einer!

Nun, das trifft beim Whippet allerdings zu. Zwei Whippets machen nicht viel mehr Arbeit als einer, bereiten aber die doppelte Freude. Sie können wunderbar miteinander spielen, rennen und kuscheln. Erst ab dem dritten Whippet wird es Arbeit, schließlich haben Sie ja auch nur zwei Hände.

Nehmen Sie jedoch bitte nie zwei Welpen aus einem Wurf oder fast gleichaltrige Welpen. Das wird zwangsläufig zu Komplikationen führen. Die Rangordnung wird unter den Hunden schwer zu klären sein und die beiden Welpen oder Junghunde werden wie ausgelassene und überdrehte Kinder bei Ihnen zu Hause über Tische und Bänke springen. Wie oft ist das Unternehmen Whippet daran gescheitert und entnervte Neubesitzer haben nach kurzer Zeit einen der Hunde wieder abgeben müssen, weil sie einfach nicht damit zurecht kamen.

Ein verantwortungsbewusster Züchter wird auch dies berücksichtigen und niemals zwei gleichaltrige Hunde oder gar Geschwister in einen Haushalt geben.

Wenn erstmal die gröbste Zeit hinter Ihnen und Ihrem Whippet liegt, sagen wir mal so nach 1 ½ bis 2 Jahren, können Sie sich gerne überlegen einen weiteren Whippet in Ihrem Haushalt aufzunehmen. Sehr viele Whippetbesitzer haben einen Zweitwhippet und sind sehr glücklich damit. Wenn Sie jedoch einen weiteren Whippet dazu nehmen, bleiben Sie bitte bei einem Geschlecht. Entweder ein weiterer Rüde zu dem ersten Rüden oder eine zweite Hündin zum ersten Mädel. Ein Mischen der Geschlechter bringt Ihnen kein Glück. Wie wollen Sie die Beiden während der Läufigkeit der Hündin trennen? Oder wollen Sie vielleicht gar einen ungeplanten Wurf riskieren?

Ein Pfund Glück bitte!

Sie haben nun also ihren Züchter gefunden und wissen ob es ein Rüde oder eine Hündin werden soll? Dann haben Sie vielleicht die Möglichkeit, sich aus einem Wurf Welpen den Ihren herauszusuchen. Doch das ist nicht immer der Fall. Meist will der Züchter selbst einen Welpen aus dem Wurf behalten und wird sich dann erst mit acht Wochen entscheiden, welcher der Racker im Züchterhaushalt verbleiben soll – oder es waren schon andere Interessen-

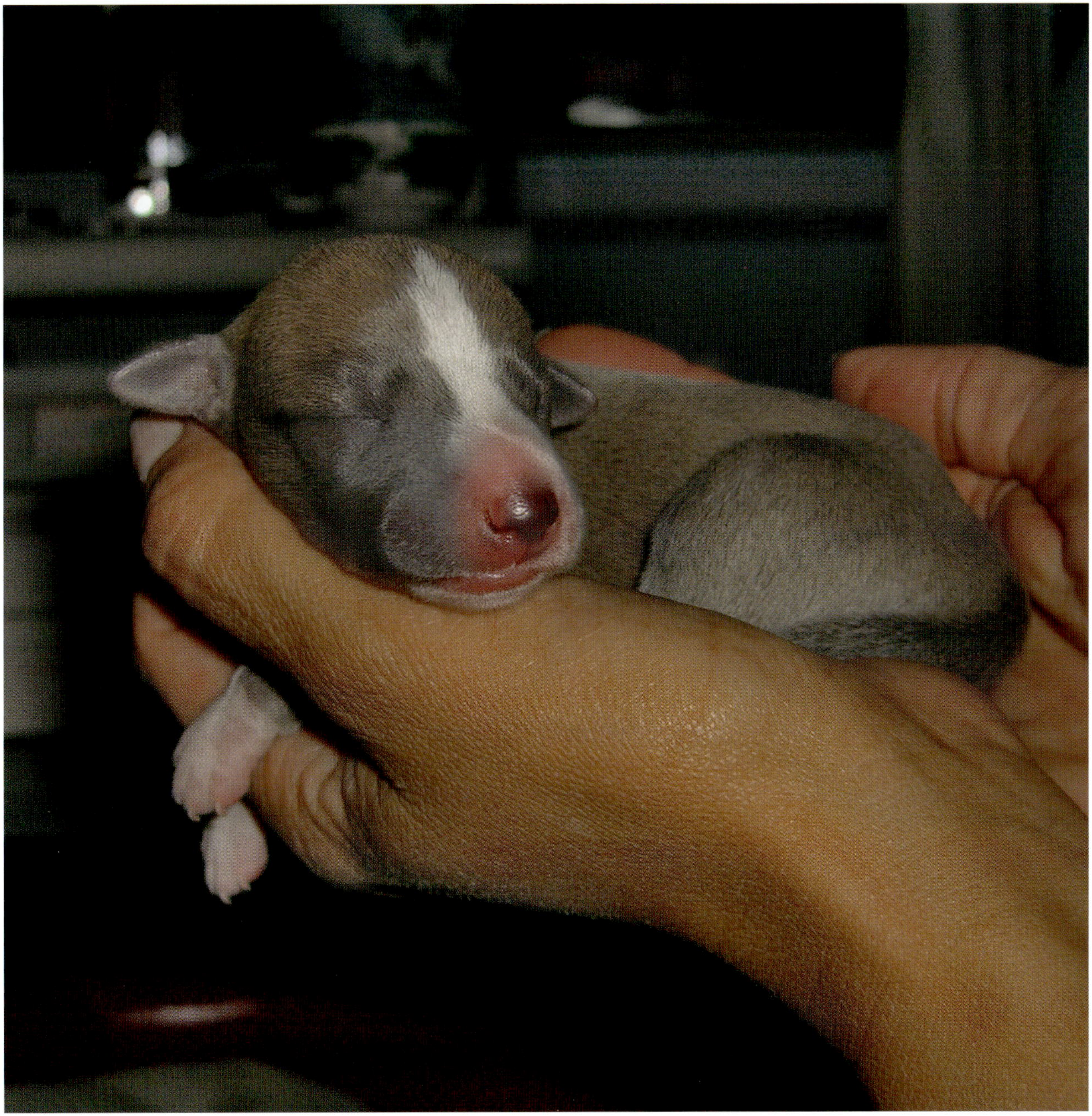

ten vor Ihnen da. Da Sie sich bei der Auswahl Ihres Züchters Zeit gelassen haben, vertrauen Sie in diesem Fall ganz auf sein Urteil – er weiß am besten, welcher Welpe eher aufgeweckt ist oder welcher zu der Kategorie „Dichter & Denker“ gehört und wird einer Familie mit drei Kindern bestimmt keinen eher stillen Welpen anvertrauen und den Draufgänger und Sturkopf des Wurfes zu einem älteren, ruhigen Ehepaar geben.

Schwanger gehen mit einem Welpen

Während Sie auf den großen Tag warten, ihren Welpen abzuholen, können Sie bereits einiges vorbereiten.

Der Garten muß fest eingezäunt sein, Treppen und Balkone müssen gesichert sein, damit der Welpe nicht aus Versehen abstürzt. Gartenteiche oder Pools sind eben-

falls zu sichern. Wie sieht es im Haus aus? Liegen Stromkabel herum, stecken Kindersicherungen in den Steckdosen? Gibt es giftige Pflanzen im Haus oder Garten? Sind alle Medikamente, Reinigungsmittel und Chemikalien aus der Reichweite eines Welpen verbannt? Und wundern Sie sich nicht, wie weit so eine Reichweite sein kann.

Für die Anfangszeit mit einem Welpen ist ein Drahtkäfig (oder eine Box), der auch zusammengeklappt werden kann, sehr zu empfehlen. Darin kann der Welpe – sofern Sie ihn mal nicht beaufsichtigen können – wie in einem Kinderlaufstall untergebracht werden. Nein, es ist kein Hundegefängnis, sondern hilft Ihnen und dem Welpen über eine etwas turbulente Anfangszeit hinweg.

Besonders wichtig ist es, die Box positiv zu besetzen. Am besten füttern Sie den Welpen darin und gewöhnen ihn langsam daran. So kann er, wenn sie mal zur Tür müssen weil es geklingelt hat oder auch telefonieren, nichts anstellen, keine Kabel durchbeißen, keine Bücher, Stühle, Tische oder Teppiche anbeißen. Ja, ja es gibt auch Schadnager unter den Welpen – muß nicht, kann aber!

Weiterhin müssten sie auch die Grundausstattung für Ihren Welpen beschaffen. Sie brauchen natürlich ein Welpenhalsband und eine ca. 100 bis 120 cm lange Lederleine. Die Halsbänder für Whippets sind üblicherweise etwas breiter als die normalen Halsbänder und sehr weich. Ihr Züchter wird Ihnen dabei helfen, ein entsprechendes

Halsband zu bekommen. Ebenso werden Sie auch erfahren, welches Futter Sie für Ihren Liebling besorgen sollen. Natürlich Kauknochen, Spielzeug, Noppenstriegel, Nagelzange, ein Hundekörbchen mit waschbarem Kissen und verschiedene Decken (am besten sogenannte Vetbeds oder Drybeds. Diese sind einfach zu waschen und trocknen sehr schnell). Natürlich einen Futternapf und einen oder mehrere Wassernäpfe, wobei sich Näpfe aus Edelstahl bewährt haben.

Dem Kind einen Namen geben

Schwierig, schwierig... meist hat jedes Familienmitglied eine eigene Vorstellung davon, wie der neue Mitbewohner zukünftig heißen soll. Vom Züchter bekommt der Welpe einen Namen, der jedoch meist lang und schwer auszusprechen ist, sich also nicht zum Rufen eignet. Vielleicht kann man diesen Namen ja irgendwie abkürzen? Oder Sie denken sich etwas ganz Neues aus. Aber stellen Sie sich einfach mal folgende Situation vor: Sie stehen im Park – inmitten von Menschen – und möchten Ihren Hund zu sich rufen. Der Name sollte Ihnen also nicht peinlich sein. Wenn Sie den Züchter bereits vor dem Abholtag über die Namensfindung informieren, kann dieser den Welpen bereits ein wenig an seinen Namen gewöhnen.

Der große Tag

Im Alter von ca. 8 Wochen werden die Welpen vom Rassezuchtverein beim Züchter abgenommen. Das heißt, ein Zuchtwart kommt ins Haus und schaut sich den Zustand des Wurfes sowie der Mutterhündin an. Er fertigt ein sogenanntes Wurfabnahmeprotokoll an, das Ihnen Ihr Züchter in Kopie mitgibt.

Darauf sind eventuell festgestellte Mängel (wie zum Beispiel eine Knickrute) festgehalten.
Dabei wird der Welpe gegebenenfalls tätowiert oder er wurde bereits vorher beim Tierarzt gechippt. Nach der Wurfabnahme können die Kleinen in Ihr neues Heim wechseln. Ich bin der Meinung, daß ein Abgabezeitpunkt von 10 Wochen als optimal anzusehen ist – aber da gehen die Meinungen auseinander.

Am Abholtag sollten Sie mindestens zu zweit sein. Nehmen Sie eine Küchenrolle und Handtücher mit, ebenso eine Decke auf der der Welpe im Auto liegen soll und eine Transportbox. Am besten setzt sich einer von Ihnen auf der Heimfahrt auf die Rückbank und nimmt den Welpen neben sich auf den Schoß – „Kotztüte“ griffbereit! Auch können Sie auf dem Beifahrersitz platz nehmen und den Welpen sicher im Fußraum unterbringen – natürlich auf einer kuscheligen Decke. Bitte denken Sie aber daran die Lüftung oder Klimaanlage des Fahrzeuges nicht in den Fußraum blasen zu lassen.

Der Züchter wird den Abholtag meist auf ein Wochenende legen, sodaß sie schon mal das ganze Wochenende Zeit haben werden, sich mit ihrem neuen Mitbewohner zu beschäftigen. Dennoch ist es sinnvoll ein paar Tage Urlaub zu nehmen und sich zusammen mit dem Welpen an die neue Lebenssituation zu gewöhnen.

Kaufvertrag

Üblicherweise wird der Züchter mit Ihnen einen Kaufvertrag abschließen. Der Vertrag enthält neben dem Kaufpreis auch nähere Angaben zum Welpen sowie verschiedene Forderungen, wie der Whippet zu halten ist (tierschutzrechtlich). Ebenso wird er wahrscheinlich einen Punkt enthalten, daß der Hund – falls er vom Käufer nicht mehr gehalten werden kann – an den Züchter zurück geht. Nur so kann der Züchter wissen, was nach dem Verkauf mit seinem Hund passiert. Falls Sie einen Rüden erwerben, wird Ihnen der Züchter nochmals die abgestiegenen Hoden zeigen und dies auch im Kaufvertrag festhalten.

Sollte es im Wurf Hodenprobleme gegeben haben oder hat Ihr kleiner Rüde ein Hodenproblem, wird Ihr Züchter Sie bereits vorab darüber informiert haben. In einigen Fällen kann es passieren, daß bei einem Rüden Hodenfehler auftreten. Entweder ist ein oder beide Bänder an denen die Hoden hängen zu kurz oder verklebt, sodaß ein kompletter Abstieg in den Hodensack nicht möglich ist (Monorchie) und die Hoden noch in der Leistengegend liegen, oder es das Tier hat nur einen oder gar keinen Hoden ausgebildet (Kryptochismus). Normalerweise sind im Alter von 8 Wochen die Hoden deutlich in den Hodensack abgestiegen.

Impfpass

Weiterhin wird Ihnen der Züchter einen Impfpass aushändigen, der nachweist, daß der Welpe bereits mindestens einmal seine Grundimunisierung bekommen hat. Er wird Ihnen mitteilen, wie oft, wann und womit der Welpe entwurmt wurde und wann die nächste Entwurmung ansteht, ebenso die nächste Impfung.

Futterplan

Auch wird er Ihnen Futter für die nächsten paar Tage mitgeben, ebenso einen Futterplan oder Fütterungshinweise und eventuell ein Lieblingsspielzeug des Wel-

pen. Unter Umständen bekommen Sie auch ein Handtuch mit, das nach Geschwistern und Mutter des Welpen riecht, sodaß die erste Nacht bei Ihnen nicht ganz so einsam wird.

Ahnentafel

Die Ahnentafel wird Ihnen ebenfalls mitgegeben, bzw. es wird im Kaufvertrag niedergelegt, daß sie nachgereicht wird, sowie sie vom Rassezuchtverein ausgestellt und übersandt wurde. Die Ahnentafel wird nicht gesondert berechnet sondern gehört zum Hund. Auf der Ahnentafel steht die Zuchtbuchnummer, unter der Ihr Welpe in das Zuchtbuch eingetragen wurde, sowie die Täto– bzw. Chipnummer. Sie belegt die Abstammung des Welpen über 3 Generationen. Weiterhin ist der Name des Welpen eingetragen. Dieser besteht aus dem Zwingernamen des Züchters und dem Rufnamen des Welpen. Alle Welpen eines Wurfes erhalten Namen, die mit dem gleichen Anfangsbuchstaben beginnen. Die Anfangsbuchstaben für die Hunde der verschiedenen Würfe folgen alphabetisch aufeinander. Jeder Züchter muß mit dem Buchstaben A beginnen.

So, nun ab nach Hause, das Abenteuer Whippet kann beginnen!

Endlich daheim

Nachdem sie nun die Autofahrt vom Züchter zu Ihnen nach Hause mit mehr oder weniger kleinen „Unfällen“ geschafft haben, bereiten Sie dem Welpen keine große Willkommensparty.

Der Welpe muß sich nun erstmal an Sie und die neue Umgebung gewöhnen, bevor Oma, Opa, Tanten, Onkel und auch die Nachbarn sich den neuen Mitbewohner anschauen. Am besten setzen Sie ihn in die Küche, zeigen ihm wo Futter und Wasser steht und setzen sich zu ihm. Er braucht ein wenig Zeit um genügend Sicherheit zu bekommen sich sein neues Heim anzuschauen.

Falls er nach kurzer Zeit schnüffelnd, die Nase am Boden herumläuft, schnappen Sie ihn und setzten ihn nach draußen – dort wo er auch in Zukunft sein Geschäftchen verrichten soll. Achtung: Bitte nicht vergessen den Welpen bei jedem richtig verrichteten „Geschäftchen" zu loben, als ob das 8. Weltwunder geschehen wäre. Kleine Unfälle nicht bestrafen, sondern ignorieren. Anfänglich kann es noch zu gewissen Kommunikationsschwierigkeiten zwischen Ihnen und dem Welpen kommen, glauben Sie mir, das wird sich schnell legen und Sie werden erkennen wann der oder die Kleine mal raus muß.

Am Besten setzen Sie anfänglich den Whippetwelpen nach dem Spielen, nach dem Schlafen und nach dem Fressen nach draußen. Am ersten Tag wird der Welpe bereits recht früh müde sein, war ja auch alles recht anstrengend für ihn.

Na, wo soll er denn schlafen, der Welpe? Wenn Sie sich entschlossen haben ihn im Bett schlafen zu lassen, wird es kein Problem geben und der kleine Whippet wird wahrscheinlich die erste Nacht ohne zu mucksen durchschlafen. Soll er nicht im Bett schlafen gestaltet sich die Angelegenheit ein wenig schwieriger. Am besten sie stellen ein Körbchen neben das Bett.

Er jammert? Nun, das müssen Sie aushalten, ein paar beruhigende Worte und der Zwerg wird dann auch einschlafen. Gut geeignet ist

INFOBOX

DER IDEALE WHIPPETBESITZER

....muß vor allem Humor haben; akzeptieren, daß ein Whippet zwar gut erzogen werden kann, jedoch nur gehorcht und sich von seiner besten Seite zeigt, wenn er dies will – aber vielleicht ist das nicht immer auch der Zeitpunkt, an dem Sie das gerne hätten.

... muß vor allem ein großes Sofa und Bett besitzen, wobei die Größe der Wohnung oder des Hauses keine Rolle spielt; Platz ist in der kleinsten Hütte – solange der beste Platz auf dem Sofa und im Bett vom Whippet belegt werden kann.

... muß in Kauf nehmen, daß er mit einem „Kleinkriminellen“ zusammen lebt. Kleiner Diebstähle, sozusagen „von der Pfote ins Maul“ oder auch von der Küchenarbeitsplatte, sind an der Tagesordnung. Auch verschwinden hie und da auch mal Kugelschreiber, Fernbedienungen oder schnurlose Telefone, die man dann mit etwas Glück im Whippetkörbchen finden kann – natürlich in Einzelteilen, da der Whippet über großes technisches Verständnis verfügt.

... muß sich ein dickes Fell zulegen, da er beim spazieren gehen mit seinem Liebling des Öfteren Fragen hören wird, wie:
„Der ist aber dünn, der kriegt bestimmt nix zu essen!“
„Die wachsen aber doch noch, die sind noch jung!“
„Gell, die sind ganz schön schnell und teuer!“

... ist bevorzugt ein Langschläfer. Es widerstrebt jedem erwachsenen Whippet das kuschelige Bett vor 10:00 Uhr zu verlassen. Sie werden, falls Sie das jemals versuchen sollten, entsetzte Blicke ernten.

auch eine Hundebox (sehen Sie es als Laufstall), in der der Welpe seine Nächte verbringt.

Er wird seine Box nicht beschmutzen und wird sich melden, wenn er mal nachts raus muß. Allerdings wird er anfänglich jammern oder auch schreien. Dann bitte nicht sofort hinlaufen und den „armen“ Hund befreien – genau dies bezweckt er und so hat er sein Ziel erreicht und wird nun nie Ruhe in der Box geben. Nun, ich denke Sie werden es schon schaffen!

Autotraining

Zwar hat der Welpe seine erste Autofahrt vom Züchter zu Ihnen nach Hause nun hinter sich – ist aber noch keineswegs an das Autofahren gewöhnt. Es ist manchesmal seltsam. Da gibt es Welpen die werden ins Auto gesetzt und fahren völlig problemlos mit – andere vertragen das Autofahren ganz schlecht und es wird ihnen auch nach Wochen noch übel.
Bewährt hat sich bei uns: gleich eine lange Fahrt mit dem oder der Kleinen zu machen. Die Fahrten sollten positiv enden, damit meine ich nicht unbedingt zum Tierarzt fahren sondern lieber auf die Wiese oder zur Welpenspielstunde. Wenn es denn gar nicht geht hilft vielleicht auch ein homöopathisches Mittel oder eine kleine Tablette gegen Reisekrankheit – aber Geduld – es wird schon werden.

Halsband und Leinentraining

Mit Liebe und Geduld geht es ganz einfach. Wahrscheinlich hat Sie der Züchter bei der Auswahl des Halsbandes und der Leine beraten – Windhundhalsbänder sind etwas breiter als „normale“ Hundehalsbänder und sehr weich. Ebenso sollte die Leine leicht sein – nicht zu lang und keinen schweren Karabiner haben – viel zu schwer für so einen kleinen Welpen. Nehmen Sie am Anfang nur eine kurze, ca. 120cm lange Leine. Ich persönlich halte auch nichts von den sogenannten „Flexi–Leinen“. Diese hat man nicht griffsicher in der Hand und im entscheidenden Augenblick vergisst man auf das „Halteknöpfchen“ zu drücken. Eine normale Leder – oder Nylonleine ist da immer noch am praktischsten.

Nun also das kleine Halsband um den kleinen Welpenhals binden – nicht zu weit – die kleinen Köpfe sind sehr wendig – und nicht zu eng. Leine an und los.

Am besten üben Sie erst einmal im Garten oder auf einer Wiese. Mit viel Hundeleckerlie und Geduld wird es schon klappen. Immer locken und vor allem loben, loben, loben.

Sollten Fragen oder Probleme auftauchen, scheuen Sie sich nicht Ihren Züchter anzurufen. Er hat meist jahrelange Erfahrung und kann Ihnen nochmals wertvolle Tipps und Infos geben.

Auch wenn vielleicht am Anfang nicht alles glatt verläuft und Sie sich das Leben mit einem Welpen einfacher vorgestellt haben: werfen Sie nicht gleich die Flinte ins Korn.

Das erste Jahr

« VOM WELPE ZUM JUNGHUND »

Nun, nachdem sie ein paar Nächte und Tage mit ihrem Whippetwelpen verbracht haben und es wahrscheinlich auch bereits geschafft haben, ihn stubenrein zu bekommen, stehen weitere Aufgaben auf dem Plan.
Empfehlenswert ist es auf jeden Fall eine Welpenspielstunde zu besuchen. Vielleicht hatten Sie ja im Vorfeld bereits Gelegenheit, sich nach einer geeigneten Welpenspielstunde oder Hundeschule umzusehen. Wenn nicht, wird es jetzt höchste Zeit. Der Besuch entsprechender Veranstaltungen wird Sie im Umgang mit ihrem Hund und anderen Hunden sicherer machen und der kleine Whippet wird andere Hunde kennenlernen.

Überlegen Sie sich auch, was Sie von ihrem Hund verlangen und was er können soll. Selbstverständlich ist der Befehl „Komm“ lebenswichtig, alles andere bleibt Ihnen überlassen. Da Whippets aber sehr gelehrig sind, wird es Ihnen bestimmt Spaß machen, mit ihm zusammen zu üben und zu lernen.

Vergessen Sie auch nicht Ihren Hund beim Steueramt Ihrer Stadt anzumelden, um treu und brav Ihre Hundesteuern zu bezahlen. Ein Versäumen der Anmeldung kann mit einem Bußgeld bestraft werden.

Ebenso ist es sinnvoll mit einer Versicherung in Kontakt zu treten, um eine sogenannte Hundehalterhaftpflichversicherung abzuschließen. Vergleichen Sie Angebote, es gibt sehr große Unterschiede bei der Höhe der Beiträge.

Whippets im Alltag

Natürlich ist auch jetzt die Zeit Ihren Hund überall dahin mitzunehmen, wohin er auch später mit soll. Whippets sind in der Regel völlig problemlos und besuchen gerne Kneipen, Restaurants oder Cafes und wenn ein weiches Körbchen oder eine hübsche Decke unter den Tisch gelegt wird (notfalls auch die Winterjacke von Herrchen oder Frauchen), bleiben sie ruhig und unauffällig dort liegen bis zum Aufbruch geblasen wird.

Unbedingt sollten Sie auch üben, daß sich Ihr Hund von Fremden anfassen lässt und man die Zähne begutachten kann. Auch schadet es nichts mit dem Welpen, am Abend beim Kuscheln, einmal das „Fiebermessen“ zu üben. Ein normales, digitales Fieberthermometer wird als Hundethermometer gekennzeichnet – nur zur eigenen Sicherheit. Stecken Sie dann in aller Ruhe die Spitze des Thermometers in das andere Ende des Hundes, vorsicht, nicht zu tief, und warten Sie, bis es piepst. Währenddessen sprechen Sie beruhigend auf Ihren Whippet ein. Es wird Ihnen später unter Umständen gute Dienste leisten, wenn Sie Ihren Hund überall anfassen können, ohne daß er Panik bekommt, und wie heißt es so schön: Übung macht den Meister. Die normale Körpertemperatur beträgt bei einem Hund 38,5 Grad. Alles, was merklich mehr ist, bedeutet Fieber und ein Tierarzt müsste sich den Hund anschauen.

Die Zahnfee kommt

Wenn Ihr kleiner Welpe nun ca. 4 Monate alt ist, wird er seinen Zahnwechsel haben. Das heißt, seine Welpenzähnchen fallen heraus und das bleibende Gebiss wächst nach. Kontrollieren Sie in dieser Zeit, ob auch alle Zähne ordentlich ausfallen und nachwachsen. Manchmal kommt schon ein neuer Zahn und der alte Welpenzahn steht noch im Weg. Fällt dieser dann nicht von alleine aus, muß eventuell die Hilfe eines Tierarztes in Anspruch genommen werden. Wundern Sie sich nicht über die „Flatterohren", die die jungen Hunde in dieser Zeit haben.

Bald wird sich der junge Whippet wieder mit perfekten (oder fast perfekten) Rosenohren präsentieren – aber das Zahnen tut doch so weh...

Auch sollten Sie während dieser Zeit die Hoden bei einem Welpenrüden beobachten. In der Zahnungsphase kann es passieren, daß der kleine Rüde einen oder gar beide Hoden wieder in die Leistengegend hochzieht. Am besten schauen Sie abends beim Schmusen auf dem Sofa mal nach, ob noch alles da sitzt, wo es hingehört. Sollte er jedoch aus Schmerzen etwas hochgezogen haben, streichen Sie mit dem Daumen den Hoden aus der Leiste wieder zurück in den Hodensack. Beobachten Sie die Situation weiter. Sobald die Umzahnung abgeschlossen ist, sind die Hoden auch meist bereits groß genug, sodaß ein solches Malheur nicht mehr passieren kann.

Die Größe

Schon seid Anbeginn der Rasse ein ewiges Diskussionsthema!
Die Maße im Rassestandard betragen für Rüden 47–51 cm und für

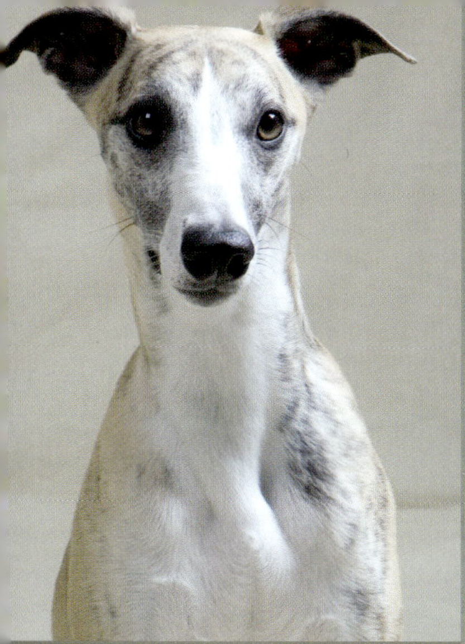

INFOBOX

WELPEN FÜTTERN

In den ersten Lebensmonaten können Sie Ihrem Welpen soviel Futter geben, wie „in ihn rein geht". Ein Welpe ist selten fett, da er immer in Bewegung ist und so sehr viele Kalorien verbrennt. Also: Wenn der Napf nach dem Fressen leer ist, war es zu wenig Futter.

WAS UNSERE WELPEN BEKOMMEN

Bis ca. 3 Wochen – also solange die Welpen noch recht unbeweglich sind und die Augen geschlossen haben, genügt die Muttermilch der säugenden Hündin. Ab der 4. Woche gibt es dann einmal täglich Hüttenkäse mit Honig, mittags Frischfleisch (eine Mischung aus Pansen und Rindfleisch) mit Flocken und abends eingeweichtes Trokenfutter (Premiumfutter) mit etwas Dosenfutter untermengt. Zu trinken gibt es Ziegenmilch – ganz lecker und ohne Laktose – gibt also keinen Durchfall. Mit dieser Zusammenstellung habe ich in den letzten Jahren die Besten Erfahrungen gemacht.

SPAZIEREN GEHEN MIT EINEM WELPEN

Überfordern Sie Ihren Welpen nicht. Eine Faustregel sagt: „Pro Lebenswoche eine Minute an der Leine“. Okay, das klingt wenig, aber der Welpe ist den ganzen Tag unterwegs und macht Entdeckungen. Ein kleiner Spaziergang genügt ihm deshalb vollkommen.

Und Achtung: Welpen neigen dazu „aufzudrehen“ – da geht es über Tische und Bänke. Dies muß unbedingt unterbunden werden – sie sind dann wie aufgedrehte, kleine Kinder. Am besten abschalten, in die Box befördern und etwas zum Kauen geben. Sie werden sehen, in wenigen Minuten ist der Racker eingeschlafen.

WELPENBESUCHE

Wir lassen vor 3 Wochen keinen Besucher zu den Welpen und der Mutter. Es ist erstaunlich, wie gerade „Erstlingsmütter“ sehr gestört reagieren können, wenn sich Fremde der Wurfkiste nähern.

Hündinnen 44–47 cm. Ihr kleiner Welpe wächst zunächst wie Unkraut und wird mit ca. 6 Monaten fast seine Größe erreicht haben. In England heisst es: „6 Monate und dann noch ein inch (2,54 cm)", dann ist er ausgewachsen.
Wie groß ein Welpe letztendlich wird kann man nur sehr schwer im Vornherein sagen. Natürlich hat es durchaus etwas damit zu tun, wie groß die Eltern, Großeltern und Urgroßeltern waren. Wäre es aber so einfach die Größe zu bestimmen, indem man kleine Whippets mit Großen verpaart und dann nur perfekte Whippets rauskommen, dann hätten wir alle kein Problem mehr mit der Größe. So groß wie sie letztendlich werden, werden sie eben, der Hund wird dadurch kein schlechterer Hund.

Oh je, die Pubertät

Wahrscheinlich werden Sie sich wundern, wie schnell so ein Whippet alles aufschnappt und wie er in kürzester Zeit auch schwierigere Befehle ausführen kann.

Alles wunderbar, wäre da nicht die Pubertät. Im Alter von ca. 8 bis 10 Monaten sind die hübschen, kleinen Rosenohren nur eine Zier.

Auf „Komm“ wird er Sie milde anlächeln und beschließen, dann zu kommen, wenn er mit seiner Beschäftigung fertig ist. Es bleibt Ihnen also nichts weiter übrig, als in dieser Zeit wieder öfter zu üben und gegenebenfalls den Whippet an der Leine zu lassen bis dieser Anflug von jugendlichem Widerstand vorüber ist. Wenn das erste Jahr geschafft ist, sind Sie und auch ihr Whippet aus dem Gröbsten raus.

Ebenfalls in diesen Zeitraum fällt die Geschlechtsreife. Ein Rüde wird sich nun vielleicht intensiver um die Nachbarhündin kümmern und kann – obwohl noch nicht ganz ein Jahr alt – wenn Sie nicht aufpassen, bereits eine Vaterschaftsklage an den Hals bekommen. Manche Jungrüden sind da recht fix bei der Sache.
So wird auch die Hündin zwischen dem 8. und 14. Monat das erste Mal läufig werden. Also während dieser Zeit bitte absoluter Leinenzwang, um eine ungewollte Schwangerschaft zu verhindern. Vielleicht wird die Hündin während ihrer Hitze auch ein wenig ihr Wesen verändern, vielleicht anhänglicher oder auch zickiger werden. Kaum sind die „tollen Tage“ vorbei, wird sich auch das wieder einpendeln.

Die alte Mär „Eine Hündin muß einmal in ihrem Leben Welpen haben“, die teilweise sogar noch von Tierärzten unterstützt wird, ist vollkommener Unsinn. Wohin mit den Welpen? Eine gesunde Hündin kann durchaus 8 bis 10 gesunde Welpen zur Welt bringen. Wollen Sie die alle behalten? Warten Sie mal ab, wie schnell die ganzen Freunde und Nachbarn, die vorher begeistert zugesagt haben einen dieser Welpen zu nehmen, dann doch abspringen und Ausreden finden werden. Von der Arbeit und den Kosten einen Wurf ordnungsgemäß groß zu ziehen, mal ganz zu schweigen.

Wenn Sie sich für das Züchten der Rasse Whippet jedoch ernstlich interessieren sollten, dann setzen Sie sich mit dem Rassehundezuchtverein in Verbindung, fragen Sie nach den Bedingungen, um eine seriöse Zucht zu betreiben. Bereiten Sie sich ausführlich vor, lesen Sie und beschäftigen

Sie sich intensiv mit der Rasse und der Zucht von Hunden. Besuchen Sie Ausstellungen, schauen Sie sich um.
Einfach zwei Whippets aufeinander zu setzen und einen Wurf Welpen aufziehen, um diese zu verkaufen, ist nicht gleichbedeutend mit züchten, dies ist reines Vermehren und ist bestimmt nicht im Sinne der Rasse. Und Geldverdienen kann man bestimmt auf andere Weise besser, schneller und einfacher. Glauben Sie mir!

Pflege & Gesundheit

« VON NATUR AUS SCHÖN »

Erfreulicherweise sind Whippets eine recht robuste und gesunde Rasse. Rassespezifische Krankheiten sind nicht bekannt, so wird Ihr Tierarzt Sie und Ihren Hund hoffentlich nur zu den jährlich anstehenden Impfungen empfangen können. Dennoch kann es hin und wieder passieren, daß Ihr Hund krank wird.

Verletzungen

Zu Verletzungen kann es ab und zu kommen. Durch die Schnelligkeit der Whippets werden natürlich die Pfoten extrem belastet, Zerrungen, Bänderrisse oder gar gebrochene Zehen können vorkommen. Auch Risse im zarten, kurzen Fell sind keine Seltenheit, wenn die Whippets in freier Natur ihre Runden drehen. Aber Sie werden sich wundern, wie „hart im Nehmen“ so ein Whippet sein kann. Da gibt es kein Jammern oder Klagen – es wurden schon Whippetrennen mit gebrochenem Bein beendet. Erst nach der Ziellinie merkte das Tier (und auch der Halter) daß etwas nicht in Ordnung war.

Futter

Zur Hundegesundheit gehört natürlich auch das richtige Gewicht Ihres Lieblings. Es gibt nichts abstoßenderes als einen übergewichtigen Hund und gerade ein Whippet sieht ungeheuerlich aus, wenn er ein paar Pfunde zu viel hat. Über die Futtermenge, die so ein Whippet täglich braucht, kann man nicht viel aussagen. Als Welpe und im ersten Lebensjahr kann der Whippet fast soviel fressen wie er möchte, danach sollte man seinen Hund genauer beobachten. Neigt er zur Fülligkeit, man sollte bei der Atmung noch ein gewisses Rippenspiel sehen, muß die Ration gekürzt werden oder man sollte auf energiearmes Futter umstellen.

Natürlich sollte man niemals immer Futter zur freien Verfügung stehen haben. Man kann erstens nicht kontrollieren, wie viel der Hund frisst und zweitens erzieht man sich durch ständiges „Stehenlassen“ einen schlechten Fresser. Führen Sie feste Fütterungszeiten ein, zu Beginn als Welpe 2 bis 3 Mal täglich, später reduzieren Sie auf 1 bis 2 Mal am Tag.

Selbstverständlich ist ein gutes, ausgewogenes Futter. Die handelsüblichen Premium Trockenfuttersorten sind optimal für die Versorgung eines Whippet. Sie werden schnell herausfinden, mit welchem Futter Sie bei Ihrem Hund richtig liegen. Natürlich spricht auch nichts dagegen, Ihren Hund mit Frischfleisch, Gemüse und Flocken zu ernähren. Jedoch möchte ich hier nicht weiter darauf eingehen, wie Sie Ihren Hund am Besten und ausgewogensten füttern. Die Ansichten über korrektes Füttern sind so unterschiedlich und weitläufig und würden dieses Kapitel sprengen.

Parasiten

Leider kann sich Ihr Whippet in Feld, Wald und Flur und sogar im eigenen Garten auch Parasiten zuziehen. Man unterscheidet zwischen externen Parasiten, die auf der Haut und im Fell des Hundes leben und den inneren Parasiten, üblicherweise Würmer.

Die externen Parasiten sind of leicht festzustellen. Dankenswerterweise hat der Whippet ein kurzes und glattes Fell, sodaß man Zecken, Flöhe und auch Milbenbefall recht schnell lokalisieren kann. Zecken kann man meist „noch laufend“ auf dem Fell sehen und sie einfach ablesen. Den bereits festgesaugten Zecken rückt man am Besten mit einer sogenannten Zeckenzange zu Leibe. Zeckenzangen erhalten Sie bei Ihrem Tierarzt oder im Zoofachhandel.

Flöhe. Nun, da gibt es enorm viele Mittelchen und Hausrezepte. Am Besten sprechen Sie auch da mit dem Tierarzt Ihres Vertrauens; er wird Ihnen dann entweder ein Spray oder ein sogenanntes Spot–on–Mittel für Ihren Vierbeiner geben. Das Umfeld, Decken, Körbe, Sofa und vielleicht auch das Bett muß gründlich gereinigt und abgesaugt werden. Geben Sie einfach ein kleines Stück Flohhalsband in Ihren Staubsauger, nicht daß ihr Staubsauger danach „lebt“.

Auch Läuse und Milben müssen sofort vom Tierarzt behandelt werden.

Nun zu den Würmern. Leider muß man sich als Hundebesitzer auch ab und zu mit unangenehmen Dingen beschäftigen. Dennoch kann man der Würmer recht schnell Herr werden. Bereits im Mutterleib und durch das Säugen der Welpen bei der Mutterhündin, geben diese Wurmlarven an ihre Welpen weiter. Es sind Spulwürmer, die, wenn man sie im Kot findet, aussehen wie Spaghetti. Der Bandwurm hingegen zeigt sich als „kleines Reiskorn“. Ihr Welpe wur-

de beim Züchter bereits mehrfach entwurmt und Sie haben dies auch regelmäßig weitergemacht. Dennoch kann sich der Hund in seinem Leben mal wieder infizieren. Auch da wird Ihnen Ihr Tierarzt mit Rat und Tat zur Seite stehen. Ansonsten ist natürlich weiterhin eine regelmäßige Entwurmung notwendig.

Narkose

Sollte Ihr Whippet einmal eine Narkose benötigen, besprechen Sie sich vorher mit Ihrem Tierarzt. Whippets benötigen sehr viel weniger Narkosemittel als andere Tiere. Das Verhältnis Fett zu Muskelmasse ist wesentlich geringer, sodaß die übliche Menge Narkosemittel viel zu hoch dosiert ist.

Bürsten

Der Pflegeaufwand hält sich bei den Whippets in Grenzen. Wenn Sie gerne bürsten und kämmen, haben Sie sich die falsche Rasse ausgesucht. Beim Fellwechsel im Frühjahr und im Herbst genügt es 1 bis 2 mal wöchentlich den Whippet mit einem Noppenstriegel (Kopfstriegel beim Pferd) abzubürsten. Ein „Nachwischen“ mit einem Fensterleder bringt den letzten Schliff. Baden muß man einen Whippet eigentlich nur, wenn er sich sehr eingesaut hat und sich unter Umständen in der leckeren Hinterlassenschaft der Waldbewohner oder toten Regenwürmern gewälzt hat. Dann muß es wohl ein Vollbad mit Hunde-shampoo sein, ansonsten genügt es, die Matschepfoten abzuwaschen.

Zähne

Auch bei Whippets ist es unterschiedlich, wie viel Zahnstein sie haben. Der eine neigt dazu, viel Zahnstein anzusetzen, der andere Whippet besitzt bis ins hohe Alter tadellose Zähne. Selbstver-

ständlich sollte der Zahnstein regelmäßig entfernt werden. Vorsorge können Sie durch regelmäßiges Putzen der Zähne mit einer Hundezahnbürste und Hundezahnpasta treffen. Auch helfen spezielle Kaustreifen, die Zähne sauber zu halten.

Ohren

Durchaus kann es hie und da auch mal zu einer Ohrenentzündung kommen. Ein Kontrollieren der Ohren ist deshalb ebenfalls regelmäßig angesagt. Rötungen, Schwellungen, Sekret im Ohr oder an den Ohrrändern können ein Hinweis auf eine Erkrankung sein. Riecht er vielleicht sogar aus dem Ohr?

Wenn der Whippet den Kopf schiefhält, schüttelt oder sich sogar öfter am Ohr kratzen muß, sollten Sie aufmerksam werden.

Auch kann sich ein Fremdkörper im Ohr befinden, wie zum Beispiel eine Granne oder Tannenadel. Auf jeden Fall ist hier ein Gang zum Tierarzt angesagt.

Krallen

Nicht ganz so leicht ist die Krallenpflege. Hier muß man regelmäßig darauf achten, die Nägel zu schneiden. Auch wenn manche Tierärzte glauben, die Krallen laufen sich von selbst ab, das mag bei anderen Rassen so sein, nicht jedoch beim Whippet. Hier ist wirklich regelmäßig alle 10 bis 14 Tage Pediküre angesagt. Meist haben Whippets helle Nägel und so kann man genau sehen, bis wohin der Blutfluss im Nagel geht. Kurz darüber schneidet man mit einer speziellen Nagelschere den Nagel ab. Wird es zu kurz, kann es ziemlich bluten, also Vorsicht. Aber auch da macht wieder die Übung den Meister und durch regelmäßiges Schneiden wird sich auch ihr Whippet an diese Prozedur gewöhnen. Sorry, muß sein!

Wärmemantel

Ein schwieriges Thema. Eigentlich benötigt der normale Whippet bei freiem Laufen und Rennen selbst im Winter keinen Wärmemantel. Gehen Sie jedoch spazieren und ist das Wetter nass–kalt oder zugig, so ist so ein warmes Mäntelchen schon sinnvoll. Da der Whippet nicht über Unterhautfettgewebe verfügt, kann es ihm dann schnell kalt werden. Achten sie beim Kauf eines solchen Wärmemantels darauf, daß er lang geschnitten ist. Die üblichen Mäntel für andere Rassen sind in der Lendengegend zu kurz und bedecken so nicht die Nieren.

Sonnenbrand

Da Whippets unwahrscheinlich gerne ein Sonnenbad genießen, kann es in der Hochsommerzeit durchaus passieren, daß Ihr Whippet einen Sonnenbrand bekommt. Besonders betroffen ist meist die Nase – kurz über dem Nasenschwamm oder bei Rüden auch Bauch und Hoden – sofern sie sich wohlig und sonnenhungrig auf dem Rücken gelümmelt haben. Eine einfache Sonnenmilch mit etwas höherem Lichtschutzfaktor kann davor bewahren.

Hitzschlag

Hunde regulieren ihre Temperatur vor allem durch Hecheln. Reicht das nicht aus, kommt es zum Hitzestau und schließlich zum Hitzschlag. Ein Hund hat normalerweise eine Körpertemperatur zwischen 37,8 und 39,2 Grad, bei Hitzestau kann sie auf 42 Grad steigen. Hitzschlag erkennt man an Mattigkeit, rasendem Herzschlag,

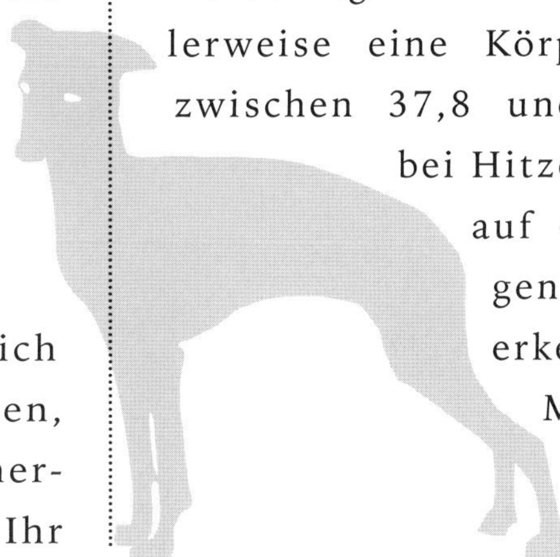

raschem Hecheln, später Krämpfen und Bewusstlosigkeit. Bringen Sie ihren Whippet dann sofort in den Schatten an einen kühlen Ort. Legen Sie nasse Tücher auf, das kühlt Ihren Hund von außen, ohne einen Schock auszulösen. Vorbeugend sollte man während der heißen Stunden nicht Gassi gehen und für genügend Wasser sorgen.

INFOBOX

VIOLSCHE DRÜSE

Gerade bei Whippets fällt öfter eine dunkle, haarlose Stelle auf der Oberseite der Rute auf, ca. 10–15 cm unterhalb des Rutenansatzes, die die Größe eine Daumennagels hat.

Es handelt sich dabei um keine Erkrankung, sondern um eine Talgdrüse, die violsche Drüse. Bei einer Überproduktion fallen an dieser Stelle die Haare aus, die Haut kann schuppig, lederartig oder auch dunkel aussehen. Es handelt sich also dabei um keine krankhafte Veränderung, sondern nur um einen „Schönheitsfehler“, der leider auch oft von Tierärzten nicht richtig erkannt wird. Groteskerweise wollte ein Tierarzt sogar deswegen einmal eine Rute amputieren! Also nix dran machen, abwarten – geht auch wieder weg!

Urlaub mit dem Whippet

« WENN EINER EINE REISE TUT »

Eigentlich überhaupt kein Problem, so einen Whippet mit in den Urlaub zu nehmen. Wie wollen Sie reisen und wo soll es denn hingehen?

Vorab

Informieren Sie sich über die Einreisebedingungen des Urlaubslandes. Je nach Land sind diese unterschiedlich. Sie reichen von einer gültigen Tollwutimpfung über zusätzliche internationale Gesundheitszeugnisse bis hin zu amtstierärztlichen Bescheinigungen. Wichtig: Vergessen Sie dabei auch nicht die Bestimmung der Länder zu beachten, durch die Sie durchfahren oder in denen Sie zwischenlanden, um zum Urlaubsziel zu gelangen.

Fliegen

Im Prinzip möglich. Wenn Ihr Hund mit auf eine Flugreise kommen soll, sind jedoch umfangreiche Planungen notwendig. Hunde über 5kg Körpergewicht – und dazu gehört nun mal der erwachsene Whippet – benötigen eine Flugbox. Zum Fliegen eignen sich nur Boxen mit guter Belüftung und gleichzeitig bester Stabilität. Die Box muß ausbruchsicher und wasserdicht sein. Boxen können Sie als Hundebedarfsartikel in Hundeshops oder Zoohandlungen ordern. Ihr Hund muß sich in der Box bequem hinstellen, drehen und ausstrecken können. Dies schreiben die Fluggesellschaften vor und sind teilweise auch sehr genau mit der Kontrolle. Um dem Hund die Reise zu erleichtern, gewöhnen Sie ihn rechtzeitig an die Box, damit er sich darin heimisch und sicher fühlt. Das erreicht man am besten, indem man die Box vorab zu Hause als Zimmerhütte nutzt und ihm darin öfter ein schönes Knabberspielzeug oder Leckerli gibt, sodaß er mit diesem Ort nur angenehme Erfahrungen verbindet.

Für die Reise beschriften Sie die Box groß und deutlich mit dem Namen des Hundes und Ihrer kompletten Adresse (Zettel in Folie aufkleben). Am besten hängen Sie zusätzlich einen Kofferanhänger an die Box. In der Regel fliegen Hund und Box dann entweder in einem eigenen Abteil für Tiere oder sie werden mit in die klimatisierte Gepäckabteilung gestellt. Kleinere Hunde unter 5 kg Körpergewicht dürfen in einem geeigneten Transportbehälter als Handgepäck mit in die Kabine genommen werden. Der Transportbehälter darf Abmessungen von maximal 45 x 23 x 29cm besitzen.

Gleich ob Ihr Hund nun in der Kabine oder im Frachtraum an der Reise teilnehmen soll, buchen Sie die Reise rechtzeitig. Viele Fluggesellschaften dulden nur ein bis zwei Tiere pro Flug an Bord. Zeitiges Buchen sichert Ihnen und Ihrem Whippet einen Platz. Bei etlichen Fluggesellschaften zählt Ihr Hund als Gepäck und fliegt somit kostenlos mit. Erst wenn Sie ihre zulässiges Gepäckgewicht oder bestimmte Größenmaße überschreiten, müssen Sie mehr zahlen. Hin und wieder verlangen Fluggesellschaften auch eine Extrabezahlung für das Tier. In eini-

gen Ländern wird zusätzlich eine Flughafengebühr für das Tier fällig. Die Versicherung des Hundes als Gepäck regeln die Fluggesellschaften ebenfalls individuell.

Am Tag der Reise bekommt Ihr Hund am besten gar kein Futter. Wasser ist erlaubt. Auch am Tag vorher sollte man Futter etwas sparsamer portionieren, sodaß der Hund gut entleert die Reise antritt. Unmittelbar vor dem Flug führt man seinen Hund noch einmal ausführlich spazieren, damit er sich entleeren und seinen Bewegungsdrang ausleben kann.

Bei Flugreisen sollte man Direktflüge ohne Zwischenlandung und Umsteigen buchen, da diese noch mehr Stress und Gefahren mit sich bringen. Sind Langstreckenflüge nicht zu umgehen, polstere man die Box besonders gut aus, falls der Hund sein dringendes Bedürfnis nicht mehr unterdrücken kann. Dafür eignen sich am besten mehrere Lagen Hundebetten (Vetbed oder Drybed – sowie mehrere Lagen Zeitungspapier). Passiert wirklich ein Malheur, sitzt der Hund wenigstens oberflächlich trocken, da diese Betten eine sehr gute Saugfähigkeit haben. Nehmen Sie also große Plastiktüten und Wechselbetten mit.

Falls Sie nun wirklich fliegen möchten, informieren Sie sich rechtzeitig und ausführlich, damit am Reisetag nichts schiefgeht.

Auf der anderen Seite, was wollen Sie mit ihrem Hund bei einer Pauschalreise nach Mallorca oder auf die Malediven? Ich denke da ist es doch besser einen guten Ferienplatz für den Whippet zu finden oder einfach auf solche Urlaube zu verzichten.

Autofahren?

Nun, daß kann der Whippet ja bereits, Sie haben ihn ja überall mit hingenommen – dies stellt also kein Problem dar. Denken Sie jedoch an genügend Wasser für Ihren Vierbeiner.

Achten sie jedoch darauf, daß ein Hund auch sehr unter der Hitze leiden kann und lassen Sie ihn unter keinen Umständen alleine im Auto auf einer Raststätte oder beim Shoppen.

Bereits bei Temperaturen von kaum 20 Grad kann sich das Innere des Wagens in der Sonne so aufheizen, daß der Hund sich auf Grund seiner mangelnden Wärmeregultaion in Lebensgefahr befindet. Auch sind bereits einige Fahrzeuge zusammen mit den Hunden gestohlen worden. Für viele sorglos allein gelassene Hunde kam schon jede Hilfe zu spät. Denken Sie daran!

Übrigens vertragen Hunde Zugluft genauso schlecht wie Sie selbst. Bindehautentzündungen oder Mandelentzündungen können die unmittelbaren Folgen sein. Da Sie Ihren Urlaub sicher nicht mit einem Tierarztbesuch beginnen wollen, setzten Sie Ihren Hund besser nicht dem Fahrtwind, also der Zugluft aus.

Fähre

Bei jeder Fähre gelten andere Vorschriften. Meist muß der Hund im Auto bleiben. Am besten informieren Sie sich vorher. Lange Fährfahrten von mehr als 8 Stunden könnten sich als schwierig erweisen.

Wo soll denn übernachtet werden?

Hotel/Pension?

Je besser das Hotel, desto weniger Probleme gibt es, einen Hund mit auf das Zimmer zu nehmen. Auch da hat sich die Transportbox bewährt. Im Hotelzimmer aufgestellt, erkennt der Hund dies sofort als sein Zuhause an („My home is my castle“) und wird es glücklich in der fremden Umgebung beziehen.

Ferienwohnung?

Meist kein Problem. Natürlich muß man vorher anfragen und sich die Genehmigung des Vermieters einholen.

Campingplatz?

Am Besten man informiert sich im Vorfeld, ob Hunde erlaubt sind. Meist kann man mit einer Internetrecherche leicht herausfinden, wie groß die Stellplätze sind oder ob es bestimmte Plätze für Hunde und deren Besitzer gibt. Meist kostet der Hund extra.

Reiseapotheke

Selbstverständlich sollten Sie sich vor der Urlaubsreise auch um eine Reiseapotheke für Ihren Whippet kümmern. Folgendes sollte sie beinhalten:

Wasserstoffperoxyd–Lösung (drei Prozent) und Tupfer, um Wunden zu reinigen; Wunddesinfektionsmittel (z.B. Beta–Isadona, erhältlich in der Apotheke)

Verbandsmittel (z.B. Mullverband, Mulltupfer, Heftpflaster, Wickelverband/selbsthaftend) und Schere zum Kürzen der Haare um Wunden herum

Ohren– und Augentropfen (Tierarzt befragen)

Fieberthermometer (mit Digitalanzeige auf der nach wenigen Sekunden die Temperatur gezeigt wird; die normale Körpertemperatur eines Hundes liegt zwischen 37,8°C und 39,2°C)

Pinzette zur Entfernung von Splittern, Dornen und ähnlichem

Zeckenzange

Mittel gegen Durchfall oder Erbrechen, z.B. Kohletabletten und Paspertin Tropfen

Mittel gegen Reisekrankheit (bitte den Tierarzt befragen)

Vaseline gegen raue oder leicht rissige Pfoten

Flohspray oder –Puder, denn diese Parasiten können Ihnen den Urlaub vermiesen

Der alte Whippet

« DER GOLDENE HERBST »

Wie schnell die Zeit vergeht. Eben hat man noch die goldigen Welpen bei seinem Züchter angeschaut, den Richtigen herausgesucht, ihn erzogen, zugeschaut, wie er oder sie ein prächtiger Vertreter seiner Rasse geworden ist. Sie hatten viel Freude und Spaß während dieser Zeit und haben viel zusammen unternommen. Eines Morgens wachen Sie auf und merken, oh je, mein Whippet ist alt geworden.
Vielleicht schläft er nun morgens länger, springt nicht mehr ganz so freudig aus dem Bett, wenn man ihn zum Spazierengehen animiert. Aber auch das Seniorenalter mit einem Whippet ist sehr schön.

Wunderbarerweise können Whippets sehr alt werden. Whippets im Alter von 14, 15 oder gar 17 Jahren sind keine Seltenheit. Meist bewahren sie sich sogar bis ins hohe Alter ihre Fitness.

Dennoch bemerkt man leichte Veränderungen. Vielleicht läuft das Whippchen nicht mehr so schnell Treppen, kann nicht mehr so lange laufen oder lahmt leicht nach einem längeren Spaziergang. Dann kann es sein, daß er leichte Gelenkprobleme hat. Auch Bandscheibenvorfälle können vorkommen. Dies sind nun mal reine Abnutzungserscheinungen, die leider

nicht ausbleiben. Besprechen Sie sich mit Ihrem Tierarzt. Es gibt Futterzusätze oder auch Medikamente, die in diesen Fällen ein wenig Linderung bringen können.

Auch kann es sein, daß der Whippet etwas schwerer hört oder schlechter sieht – dies kann jedoch auch eine Art „Altersstarrsinn“ sein, das Klappern der Futterschüssel oder das Öffnen eines Joghurts wird noch sehr gut wahrgenommen. Nun, warum sollte es einem Hund anders ergehen als einem Menschen? Leider geht es beim Tier schneller.

Passen Sie weiterhin auf, daß ihr Whippet nicht dick wird, Sie werden ihm so das Leben erleichtern. Reduzieren Sie die Dauer der Spaziergänge, polstern Sie sein Körbchen oder das Sofa weich aus und halten Sie ihn warm. Er wird es genießen und Ihnen danken.

Leider wird aber auch nach einem langen Hundeleben irgendwann der Abschied nahen. So schwer es auch fällt, zögern Sie es nicht unnötig hinaus. Besprechen Sie sich mit einem Tierarzt Ihres Vertrauens; er wird Ihnen sagen, wann es Zeit ist, Ihren Freund ziehen zu lassen. Am leichtesten für alle ist es natürlich, wenn das alte Whippchen einfach einmal morgens nicht mehr aufwacht. Leider macht es uns das Leben nicht so einfach und wir werden eines Tages eine Entscheidung treffen müssen. Vielleicht kommt Ihr Tierarzt für die erlösende Spritze zu Ihnen nach Hause, sodaß der Abschied in der gewohnten Umgebung stattfinden kann. Halten Sie ihn im Arm und trauern Sie. Es wird nie wieder einen wie ihn geben!

Wenn Sie Glück haben, besitzen Sie ein Grundstück, auf dem Sie Ihren Liebsten beerdigen können, oder vielleicht stellen Freunde Ihnen ein Stück Garten zur Verfügung. Wenn dem nicht so ist, gibt es mittlerweile auch Firmen, die sich auf Tierbestattungen spezialisiert haben und das Verbrennen des kleinen toten Hundkörpers vornehmen. Sie können dann die Asche mit nach Hause nehmen.

Nehmen Sie sich ruhig Zeit, um ihren verlorenen Freund zu trauern, sicher wird ein anderer Hund den alten nie, nie ersetzen können.

Dennoch, ein Leben ohne Hund ist möglich, aber sinnlos und wahrscheinlich werden Sie selbst nach kurzer Zeit entscheiden: Ein neuer Hund muß her!

Historie

<< DER WHIPPET - VOM HIMMEL GEFALLEN? >>

Schon im alten Ägypten und in römischer Zeit gab es neben den größeren „greyhound-artigen“ Hundetypen, mit denen Hetzjagden veranstaltet wurden, auch kleinere „whippetähnliche“ Windhunde. Auf Wandzeichnungen oder Gemälden dieser Zeit sind eindeutig „whippetähnliche“ Hunde zu sehen.

So wie wir den Whippet heute kennen und lieben, ist er ca. im 19. Jahrhundert in England entstanden. Es war früher nur dem Adel vorbehalten, Windhunde zu halten, man denke da insbesondere an die wunderbaren, großen Meuten von Barsois, die am russischen Hof zur Wolfjagd eingesetzt wurden. Kleinere Exemplare – eben whippetähnlich – konnte man als Begleithunde der feinen Gesellschaft sehen – auch da gibt es zahlreiche Gemälde, die darauf hinweisen. Schließlich gelangten auch einige Exemplare in die Hände der einfachen Leute und der Arbeiterschicht. Der Whippet wurde als perfekter Kaninchenjäger zur Wilderei eingesetzt – er brauchte wenig Futter und Platz und war gut in den engen Behausungen der einfachen Bevölkerung zu halten. Als dann Mitte des 19. Jahrhunderts das sogenannte „Ragracing“ populär wurde – die Hunde wurden auf die Bahn geworfen und rannten dann auf ihre Besitzer zu, die [illegible] uch schw[illegible] Be-griff[illegible] nen Man[illegible] ten wurc[illegible] ge-schl[illegible]

Bis [illegible] das Win[illegible] lem viele [illegible] der ganzen Welt nachgehen. Natürlich alles ein wenig professioneller; so gibt es gerade in Deutschland ca. 20 fest installierte Rennbahnen – teilweise auch als Sandbahnen ausgebaut.

Gott sei Dank ist das Wetten auf den deutschen Rennbahnen verboten, sodaß es ausschließlich ein Hobby bleibt, den Whippet dort rennen zu lassen.

Als Rasse wurde der Whippet 1890 anerkannt. Der noch recht neue Englische Kennel Club nahm den Whippet in das Zuchtbuch auf und richtete entsprechende Klassen auf den immer populärer werdenden Hundeausstellungen ein. Die ersten Eintragungen ins Zuchtbuch für die Rasse Whippet wurden im Jahr 1891 gemacht. Ein Rassestandard wurde festgelegt. Noch heute ist Großbritannien das standardgebende Land. Der Whippet ist heute unter den Regeln der F.C.I. in die Gruppe 10, die der Windhunde, eingeteilt. Der neuste F.C.I. Standard ist aus dem Jahre 1998. Der englische Standard wurde im Jahr 2006 geändert, dies wurde jedoch noch nicht von der F.C.I. ratifiziert.

In Deutschland wurde der erste Whippet im Jahr 1903 in das Zuchtbuch eingetragen, es war eine Hündin mit Namen Fidel, die 1899 geboren wurde. In den letzten Jahren des 19. Jahrhunderts gab es wohl noch keine Einheitlichkeit bezüglich des Erscheinungsbildes des Whippets. Der Einfachheit halber deklarierte man teilweise übergroße Windspiele als Whippets, mit denen dann weitergezüchtet wurde und die in den Stammbäumen auftauchten. Um 1910 wurden einige Whippets aus England importiert. Die meisten gingen direkt auf den berühmten Ch. Manorley Maori zurück, so auch Glenkoe Model, der durch seine Erscheinung das Bild des Whippets in dieser Zeit prägte.

Mitte der zwanziger Jahre des letzten Jahrhunderts wurde die Rasse zunehmend populär und in den 30er und 40er Jahren wurden einige Whippets auch aus den europäischen Nachbarländern importiert. Ende der 30er beherrschte besonders der Zwinger Burgfried von Frau von Watzdorf das Geschehen.

Weitere Importe aus England beeinflussten die Whippetszene: Martyn of Allways (Bruder zu dem erfolgreichen Marksman of Allways von Douglas Todd in England), Poppyraven und Atom's Flash of Allways. Besonders letzterer kann heute noch in den Nachzuchten seines Sohnes Olaf von der Cloppenburg gefunden werden.

Leider ließ das Interesse in Deutschland an den Importen aus dem Ursprungsland in den 60er Jahren etwas nach und es wurden mehr Hunde mit reinem Rennblut aus den Niederlanden importiert. Führende Zwinger in Deutschland in den 70er und 80er Jahren waren Namen wie „Burgfried“, und „von der Kollau“. Ebenso begann der wohl erfolgreichste Zwinger bislang in Deutschland seine Zucht, Frau Kleineberg und Ihr Zwinger „vom Kleinen Berg“, der auf den bekannten Samoems-Linien ba-

sierte. Ebenfalls zu erwähnen sind in diesem Zusammenhang der Zwinger „Superfly's“ von Marianne Bunyan, „Almansor's“ von Joachim Kiack und nach der Wiedervereinigung der Zwinger „id est“ der Familie Baumann, die in den 80er und 90er Jahren Einfluss auf die Whippetszene nahmen. Führende Zwinger, die reine Rennlinien bevorzugten und somit wesentlich das Renngeschehen in Deutschland beeinflussten, waren oder sind „the Grashopper“, „Powerplay's“, „vom rauen Meer“ und in jüngster Zeit der Zwinger „Zorneagle“.

Nachdem die Whippetzucht im Deutschen Windhund Zucht- und Rennverein, dem bis zum damaligen Zeitpunkt einzigen Verein für Whippets in Deutschland, immer schwieriger wurde (es gab zu viele Zuchteinschränkungen, die sich hauptsächlich mit der Größe der Whippets beschäftigten, gründete sich 1990 der Whippet Club

Deutschland 1990 e.V. (WCD). Dieser wollte sich lediglich am F.C.I. Standard orientieren und sich keinerlei „einseitig deutschen" Beschränkungen hinsichtlich der Zucht mit größeren Hunden auferlegen.

Während der WCD am Anfang noch ein kleiner Verein Andersdenkender war, entwickelte er sich im Laufe der nächsten 15 Jahre zum führenden Club für die Rasse Whippet. Unzählige Importe aus Großbritannien, Frankreich, den USA, Kanada, Schweden und anderen Ländern erweiterten den Genpool und änderten das Bild des Whippets. Züchter des Clubs können sich mittlerweile auf Ausstellungen an internationalen Maßstäben messen lassen.

Beständige Erfolge über Jahre konnte der Zwinger FlicFlac der Herren Münch und Seim vorweisen, deren Zucht ebenfalls hauptsächlich auf englischen und kanadischen Importen beruht.

Seit 1995 besteht der Zwinger Whipcat von Hans-Joachim und Susanne Oschinski – ebenfalls auf rein englischen und ein wenig amerikanischen Blutlinien basierend – und konnte in dieser Zeit einen Weltsieger, vier Europasieger sowie zwei Bundesjugendsieger und diverse Internationale und Nationale Championtitel für sich verbuchen.

So konnte der in diesem Zwinger gezüchtete Rüde „Whipcat Fire Island at Courthill" als erster deutscher Whippet den prestigereichen Titel „Englischer Champion" erreichen, was bis zum damaligen Zeitpunkt erst zwei nicht-englischen Hunden gelungen war.

Als Zwinger, die ihre Zuchten mehr auf Rennblut basierten, hatten oder haben bis heute „vom Badenermoor“ und „Crazy Runner's“ großen Einfluss auf die Zucht der sogenannten „Rennwhippets“.

Anfang des neuen Jahrhunderts machten die noch jungen Showzwinger „Betty Barkley“ von Birte Nöding und „of Gentle Mind“ von Werner Demmerling und Joachim Bartusch durch interessante Importe und gelungen Verpaarungen auf sich aufmerksam. Es wird interessant sein, die nächsten Jahre zu beobachten, wie sich die deutsche Whippetzucht weiter entwickelt.

Ein weiteres Auseinanderdriften zwischen Showwhippets und Whippets, die auf reinen Rennblutlinien basieren, wird wohl auch in Zukunft nicht zu vermeiden sein. Was jedoch keinesfalls heißen soll, daß Showhunde nicht rennen können oder Rennwhippets nicht auch ausgestellt werden können, aber eine „eierlegende Wollmilchsau“ wird es auch hier nie geben.

Wenn man nun den Whippet in Deutschland bis Mitte/Ende der 90er Jahre des letzten Jahrhunderts nur als reinen „Renner“ kannte, so wandelte sich sein Bild in den letzten Jahren grundlegend. Statt auf reine Schnelligkeit, legten immer mehr Züchter Wert auf Exterieur und Wesen. Ein Whippet sollte auch problemlos als Familienhund gehalten werden können, es gab die ersten Whippets auf Hundeplätzen, die erfolgreich ihre Begleithundprüfung ablegten. Noch wurden und werden sie als „Außerirdische“ beäugt, aber bis heute gibt es immer mehr Whippetliebhaber, die diese Rasse nicht auf den reinen Rennhund reduzieren, sondern die anderen liebenswerten Eigenschaften zeigen möchten. Whippets, die Agility-Sport machen, diverse Begleithundprüfungen bestehen, ja sogar Fährten-Prüfungen und Ausbildungen zum Suchhund absolvieren – und ohne größere Probleme. Die alte Mär, Whippets seien eben Windhunde und nicht erziehbar, wurde längst widerlegt. Der moderne Whippet ist ein vielseitiger Begleiter von Singles oder Familien.

Standard

Allgemeines Erscheinungsbild	Ausgewogene Kombination von Muskelkraft und Stärke mit Eleganz und Grazie der Umrisslinien. Für Geschwindigkeit und Leistung gebaut. Jede Form der Übertreibung muß vermieden werden.
Verhalten, Wesen, Charakter	Ein idealer Begleiter. In hohem Maße anpassungsfähig in häuslicher und sportlicher Umgebung. Freundlich, anhänglich, ausgeglichen.
Schädel	Lang und trocken, flacher Oberkopf, zum Fang hin sich verjüngend, ziemlich breit zwischen den Augen.
Stop	leicht
Nasenschwamm	Schwarz, bei blauen Hunden ist eine bläuliche Nase erlaubt; bei leberfarbigen Hunden ist eine leberfarbene Nase, bei weissen Hunden oder Schecken ist eine Schmetterlingsnase zulässig.
Kiefer/Zähne	Kräftige, starke, klar gezeichnete Kiefer mit einem perfekten, regelmäßigen und vollständigen

Augen	Oval, strahlend, sehr aufmerksamer Ausdruck.
Ohren	Rosenförmig, klein, feinledrig.
Hals	lang, muskulös, elegant gebogen.
Rücken	breit, fest, eher lang, mit deutlicher Wölbung über der Lende, aber nicht bucklig.
Lende	Erweckt den Eindruck von Stärke und Kraft.
Brust	Sehr tief mit viel Platz für das Herz; Vorbrust zwischen den Läufen tief und gut abgezeichnet. Rippen gut gewölbt, am Rückenansatz gut bemuskelt.
Rute	Keine Befederung. Lang, sich verjüngend. In der Aktion in feiner Aufwärtsbiegung, aber nicht über den Rücken erhoben.
Vorderhand	Vorderläufe zwischen Ellenbogen und Pfoten gerade und senkrecht; Front nicht zu breit.
Schultern	Schultern schräg und muskulös, Schulterblätter bis zur Wirbelsäule reichend, wo sie sich deutlich abzeichnen.
Ellenbogen	Gut unter den Rumpf gestellt.

Vordermittelfuß	Stark, leicht federnd.
Hinterhand	Stark. Der Hund vermag im Stand viel Boden zu decken und große Schubkraft zu zeigen.
Oberschenkel	Breit.
Knie	Gut gewinkelt.
Unterschenkel	Gut entwickelt.
Sprunggelenk	Tief gestellt.
Pfoten	Sehr klar umrissen, Zehen gut voneinander abgesetzt, gut aufgeknöchelt, dicke und starke Ballen.
Gangwerk	Frei, Hinterläufe gut unter den Körper vorgreifend um Schub zu geben. Vorderläufe mit weitem Vortritt niedrig über dem Boden, parallel im Kommen und Gehen. Bewegungen weder gestelzt noch hochsteppend, kurztrittig oder trippelnd.
Haar	Fein, kurz, anliegend.
Farbe	Jede Farbe oder Farbmischung.

Who is who

« WHIPPETS MIT BLEIBENDEM EINDRUCK »

Zu guter Letzt sollten auch die Whippets nicht fehlen, die die Zucht in Deutschland und der Schweiz (sorry Österreich – aber bei Euch ist leider nicht viel los!) sehr stark beeinflusst haben.

Unter anderem verdanken wir ihnen das veränderte Bild des Whippets in den Köpfen der Hundeliebhaber, den Trend zum Whippet als „Familienhund“ und die Neudefinition des Whippets als „Showhund“ und „Rennhund“. Deutsche und schweizer Whippetzüchter haben international Anschluss gefunden und teilweise viel Zeit und Kosten investiert um die Whippetzucht voranzubringen.

„Wer aufhört, besser zu werden, hat aufgehört, gut zu sein“ (Ph. Rosenthal, 1916) fällt mir dazu ein.

Nun, wie auch immer. Nachfolgend – ohne den Anspruch auf Vollständigkeit – einige Whippets, ob „Import“ oder „homemade“ die Einfluss nehmen(alphabetisch nach Zwingernamen).

Betty Barkley Emotion

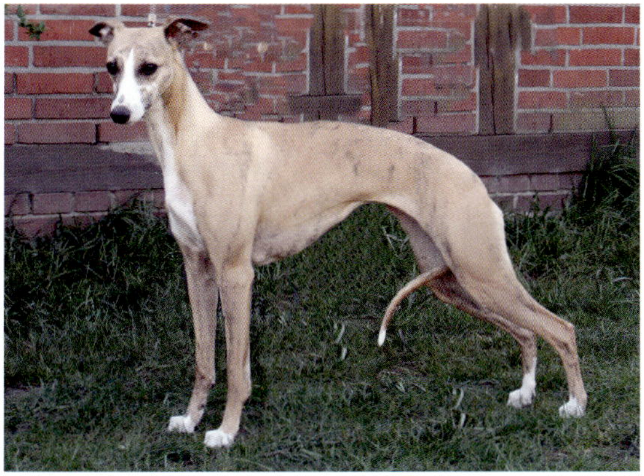

Fiefoerniek‘s Vacation In Paris	Paris Panther	Sporting Fields‘ Man In Paris
		Paris Pauline
	Frontrunner‘s Brains N‘Beauty	Nevedith Veefa Vagabond
		Frontrunner‘s Nice N‘Naughty
Betty Barkley Bitter Sweet	Sporting Fields‘ Irish Mist	Seaspell‘s Rip Tide
		Gold Dust‘s Champagne Part
	Kathleen the Grashopper	Judas Priest du Sac à Malices
		Showstar Halloween Witch

Courthill Crimson Pirate

Rum Punch of Falconcrag	Millwold Gold Dust to Exhurst	Pencloe Dutch Gold
		Millwold Suntan
	Silkstone Isolda	Pencloe Dutch Gold
		Firdance at Silkstone
Betty Barkley Bitter Sweet	Lorricbrook Bandleader	Sporting Fields Jazz Fest
		Nevedith Justa Jigsaw
	Courthill Cafe Society	Fawnbree Special Brew at Dumbriton
		Courthill Country Affair at Selinko

Courthill Café Society

Fawnbree Special Brew at Dumbriton	Pencloe Dutch Escort of Hillsdown	Pencloe Dutch Gold
		Hillsdown Blaque Magique
	Fast Flo of Hillsdown	Birkonbrae Beauson
		Hillsdown Josefine
Courthill Country Affair	Hillsdown Fergal	Birkonbrae Coeur de Lyon
		Siobhan of Hillsdown
	Courthill Crown of Gold	Pencloe Dutch Gold
		Crown Affair at Courthill

Courthill Christopher

Nevedith Kfa Kracka	Fullerton Dream Mover	Nevedith Rare Rogue
		Silkstone Kiss of Fire
	Nuts in May of Nevedith	Nevedith Rare Rogue
		Pardee Parisienne Girl
Courthill Coppellia	Rivarco Classic Jazz	Sporting Fields Jazz Fest
		Rivarco Firstlady
	Courthill Confetti	Rum Punch of Falconcrag
		Whipcat Faithful at Courthill

Crazy Runner‘s Dynamite Lady

Descampado vom Badenermoor	Tancreve of Gasfirst	Mats El Kahal
		Rebelle El Kahal
	Calandria vom Badenermoor	Allegretto‘s Allegrè
		Ivanjica vom rauhen Meer
Crazy Runner‘s Unikum	Ibis vom Buchwald	Earl of Felicity’s Home
		Briony vom Buchwald
	Kathleen the Grashopper	George the Grashopper
		Bellinda the Grashopper

Endeavor Starline Express

Starline‘s Take The Reigns	Starline‘s Reign On JC	Hamrya‘s Lucky Charm SC
		Ringmaster‘s Gold Fever
	Wenrick‘s Vanity Fair	Sporting Fields‘ Jazz Fest SC
		Sporting Fields‘ Rea N‘Wenrick
Starline‘s Strike A Pose	Nasusa Cacique	Starline‘s Reign On JC
		Nasusa Raise The Curtain
	Starline‘s Tapestry	Saxon Shore Amber Waves
		Ringmaster‘s Gold Fever

FlicFlac Kiss of Gold

Lorricbrook Bandleader	Sportingfields Jazz Fest	Topaz Jazz Singer
		Sporting Fields Simplicity
	Nevedith Justa Jigsaw	Pencloe Dutch Gold
		Nutshell of Nevedith
Pencloe Dutch Amber	Pencloe Dutch Gold	Hillsdown Fergal
		Moonbeam of Pencloe and Kienford
	Hillsdown Blacque Magique	Phinjani Pinball Wizar
		Hillsdown Blacque Rose

FlicFlac Kiss of Love

Lorricbrook Bandleader	Sportingfields Jazz Fest	Topaz Jazz Singer
		Sporting Fields Simplicity
	Nevedith Justa Jigsaw	Pencloe Dutch Gold
		Nutshell of Nevedith
Pencloe Dutch Amber	Pencloe Dutch Gold	Hillsdown Fergal
		Moonbeam of Pencloe and Kienford
	Hillsdown Blacque Magique	Phinjani Pinball Wizar
		Hillsdown Blacque Rose

Hasue Foreign Affair at Whipcat

Hasue Radio Flyer	Saxon Shore Braveheart	Watch Me Ari Independence
		Saxon Shore Golden Nugget
	Phantom Diamond	Jocora Chelsea Darjeeling
		Hasue Time after Time
Whipcat Joint Venture	Whipcat Fire Island at Courthill	Lorricbrook Bandleader
		Courthill Cafe Society
	Whipcat Color of Night	Hammonds Simple Simon
		Courthill Crystal Ring

Lorricbrook Bandleader

Sportingfields Jazz Fest	Topaz Jazz Singer	Surrey Hill's Rogue of Chelsea
		Shilo's Topaz Dixie
	Sporting Fields Simplicity	Sporting Fields Kinsman
		Anecho's Mercy Me
Nevedith Justa Jigsaw	Pencloe Dutch Gold	Hillsdown Fergal
		Moonbeam of Pencloe and Kienford
	Nutshell of Nevedith	Nevedith Uptown Guy
		Chilka Dairy Maid

Camilla of Gentle Mind

Whipcat Fire Island at Courthill	Lorricbrook Bandlaeder	Sportingfields Jazz Fest
		Nevedith Justa Jigsaw
	Courthill Caffee Society	Fawnbree Special Brew at Dumbriton
		Courthill Country Affair at Selinko
Whicat Blue Velvet	Hillsdown Houdini	Phinjani Pinball Wizard
		Hillsdown Blaque Rose
	FlicFlac Flying Flame	Hammonds Simple Simon
		FlicFlac Amazing Grace

Edward of Gentle Mind

Lorricbrook Bandleader	Sportingfields Jazz Fest	Topaz Jazz Singer
		Sporting Fields Simplicity
	Nevedith Justa Jigsaw	Pencloe Dutch Gold
		Nutshell of Nevedith
Adalberta of Gentle Mind	Falconcrag Special Effects	Fawnbree Special Brew at Dumbriton
		Hillsdown Voodoo
	Hillsdown Blacque Magique	Nevedith Dawn Dazzler
		Les Fleurs du Mal du Sac a Malces

Jubilant Joceline of Gentle Mind

Whipcat Fire Island at Court-hill	Lorricbrook Bandlaeder	Sportingfields Jazz Fest
		Nevedith Justa Jigsaw
	Courthill Caffee Society	Fawnbree Special Brew at Dumbriton
		Courthill Country Affair at Selinko
Bicester of Gentle Mind	Whipcat Conquest of Paradise	Hammonds Simple Simon
		Courthill Crystal Ring
	Don´t Say Good Bye of Baskerville	Nevedith Dawn Dazzler
		Les Fleurs du Mal du Sac a Malices

Lord Fauntleroy of Gentle Mind

Edward of Gentle Mind	Lorrickbrook Bandlaeder	Sporting Field Jazz Fest
		Nevedith Justa Jigsaw
	Adalberta of Gentle MInd	Falconcrag Special Effects
		Don´t Say Good Bye of Baskerville
Camilla of Gentle Mind	Whipcat Fire Island at Court-hill	Lorrickbrook Bandlaeder
		Courthill Cafe Society
	Whipcat Blue Velvet	Hillsdown Houdini
		FlicFlac Flying Flame

Magic Mystery of Goldenblue

Nevedith Veefa Vagabond	Nevedith Rare Rogue	Dumbriton Joking Apart
		Nevedith Justa Joy
	Nevedith Justa Jenie	Pencloe Dutch Gold
		Nutshell of Nevedith
Nevedith Major Mystery	Pencloe Dutch Gold	Hillsdown Fergal
		Moonbeam of Pencloe & Kienford
	Nutshell of Nevedith	Nevedith Uptown Guy
		Chilka Dairy Maid

Nitribit of Goldenblue

Glanmorgan Winnie the Pooh	Nimrod du Lac des Cygnes	Racine of Rabbit Hunter
		Ommani du Lac des Cygnes
	Glanmorgan Shining Shoes	Airbus des Enfants de l‘autan
		Ever Happy du Tadjoura
Grisette du Lac des Cygnes	Hardy of the Crackerjacks	Earl of Felicity‘s Home
		Frill of the Crackerjacks
	Tekhilla of Rabbit Hunter	Chirau du Lac des Cygnes
		Florence du Lac des Cygnes

Olympic Mystery of Goldenblue

Almansor`s Local Hero	Oakbark Millenium Gold	Pencloe Dutch Gold
		Oakbark Mariel
	Almansor's Intel Inside	Oakbark Midnight Mint
		Silkstone Finesse
Magic Mystery of Goldenblue	Nevedith Veefa Vagabond	Nevedith Rare Rogue
		Nevedith Justa Jenie
	Nevedith mayor Mystery	Pencloe Dutch Gold
		Nutshell of Nevedith

Pencloe Dutch Amber

Pencloe Dutch Gold	Hillsdown Fergal	Birkonbrae Coeur de Lion
		Siobhan of Hillsdown
	Moonbeam of Pencloe and Kienford	Oakbark Middleman
		Siobhan of Hillsdown
Hillsdown Blacque Magique	Phinjani Pinball Wizard	Kaymark Mad Max
		Bizzie Lizzie of Hutaka
	Hillsdown Blacque Rose	Blacque Legacy of Hillsdown
		Siobhan of Hillsdown

Signum Lillies & Willows

<table>
<tr><td rowspan="4">Whipcat Fire Island at Courthill</td><td rowspan="2">Lorricbrook Bandlaeder</td><td>Sportingfields Jazz Fest</td></tr>
<tr><td>Nevedith Justa Jigsaw</td></tr>
<tr><td rowspan="2">Courthill Caffee Society</td><td>Fawnbree Special Brew at Dumbriton</td></tr>
<tr><td>Courthill Country Affair at Selinko</td></tr>
<tr><td rowspan="4">Signum Ana Luna</td><td rowspan="2">Birkonbrae Sweet Talking Guy</td><td>Hillsdown Fergal</td></tr>
<tr><td>Birkonbrae Buttons N‘Bows</td></tr>
<tr><td rowspan="2">Signum Dolce & Gabana</td><td>Airescot Fandango</td></tr>
<tr><td>Merci Isle Whisper to a Purr</td></tr>
</table>

Sol Y Sombra Jour de Soleil

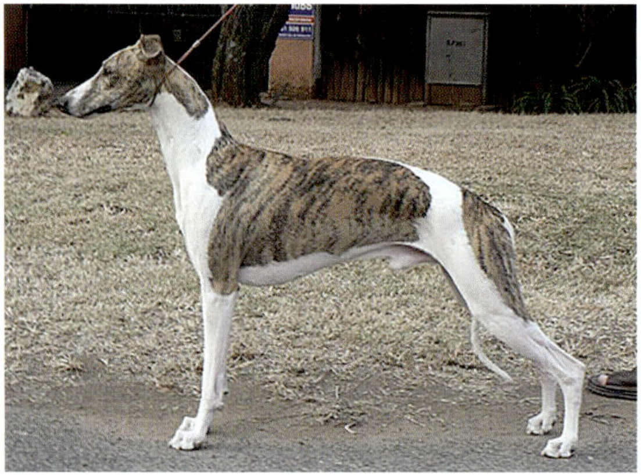

<table>
<tr><td rowspan="4">Sol Y Sombra Scandale à la Cour</td><td rowspan="2">Chelsea Long Kiss Goodnight</td><td>Chelsea Gold Rush of Keynote</td></tr>
<tr><td>Chelsea Calibri</td></tr>
<tr><td rowspan="2">Allerei`s Mandolin for Sol Y Sombra</td><td>Allerei`s Tailor Made</td></tr>
<tr><td>Allerei´s Who is the Boss</td></tr>
<tr><td rowspan="4">Sol Y Sombra Promenade Sentimentale</td><td rowspan="2">Chelsea Long Kiss Goodnight</td><td>Chelsea Gold Rush of Keynote</td></tr>
<tr><td>Chelsea Calibri</td></tr>
<tr><td rowspan="2">Sol Y Sombra Angel Eyes</td><td>Chelsea Drakkar of Oxford</td></tr>
<tr><td>Dyanne du Manoir de la Grenouillère</td></tr>
</table>

Calandria vom Badener Moor

Allegretto's Allegrè	Sarastro vom Sonnenhügel	Kamikaze vom Sonnenhügel
		Melissa vom Sonnnenhügel
	Pamina vom Sonnenhügel	Sturmwinds Rapid
		Gazelle vom Sonnenhügel
CalahorrIvanjica vom rauhen Meera Drury Lae	Dschingis Khan vom rauen Meer	Maffik of Goldenblue
		Powerplays Hedda
	Lara vom Sonnenhügel	Lorbas von Meiendorf
		Felta vom Sonnenhügel

Gazeera vom Badener Moor

Crazy Runner‘s Valuka	George the Grashopper	Irish Pedigree vom stillen Don
		Tyffany the Grashopper
	Crazy Runner‘s Quality First	Airbus des Enfants de l‘Autan
		Imee the Grashopper
Escalanta vom Badenermoor	Fergus van de Ijsselvallei	Mats El Kahal
		Contessa van de Ijsselvallei
	Calandria vom Badenermoor	Allegretto‘s Allegrè
		Ivanjica vom rauhen Meer

Callas vom Kleinen Berg

Redford vom Kleinen Berg	Furioso vom Kleinen Berg	Lorricbrook Runaway at Shalfleet
		Quirina vom Kleinen Berg
	Celine vom Kleinen Berg	Vibes Pavarotti
		Dawina vom Kleinen Berg
Kleopatra vom Kleinen Berg	Zephir vom Kleinen Berg	Douglas vom Kleinen Berg
		Fallon vom Kleinen Berg
	Avalonia Gby Glenmoray	Nevedith Local Lancer
		Nevedith Evening Dust

Vitali vom Kleinen Berg

Zephir vom Kleinen Berg	Douglas vom Kleinen Berg	Gay vom Kleinen Berg
		Samoems Snark
	Fallon vom Kleinen Berg	Lorricbrook Runaway at Shalfleet
		Quirina vom Kleinen Berg
Avalonia Gby Glenmoray	Nevedith Local Lancer	Nevedith Justa Jesta
		Nut Cracker of Nevedith
	Nevedith Evening Dust	Zippy Zimmer of Nevedith
		Huntress of Nevedith

Zephir vom Kleinen Berg

<table>
<tr><td rowspan="4">Douglas vom Kleinen Berg</td><td rowspan="2">Gay vom Kleinen Berg</td><td>Samoems Solo</td></tr>
<tr><td>Candida vom Kleinen Berg</td></tr>
<tr><td rowspan="2">Samoems Snark</td><td>Samoems Sir Lancelot</td></tr>
<tr><td>Samoems Spadille</td></tr>
<tr><td rowspan="4">Fallon vom Kleinen Berg</td><td rowspan="2">Lorricbrook Runaway at Shalfleet</td><td>Misty Mor Lorricbrook Classic</td></tr>
<tr><td>Shalfleet Spanish Flower</td></tr>
<tr><td rowspan="2">Quirina vom Kleinen Berg</td><td>Samoems Sir Lancelot</td></tr>
<tr><td>Genevieve vom Kleinen Berg</td></tr>
</table>

Whipcat Fire Island at Courthill

<table>
<tr><td rowspan="4">Lorricbrook Bandleader</td><td rowspan="2">Sporting Fields Jazz Fest</td><td>Topaz Jazz Singer</td></tr>
<tr><td>Sporting Fields Simplicity</td></tr>
<tr><td rowspan="2">Nevedith Justa Jigsaw</td><td>Pencloe Dutch Gold</td></tr>
<tr><td>Nutshell of Nevedith</td></tr>
<tr><td rowspan="4">Courthill Cafe Society</td><td rowspan="2">Fawnbree Special Brew at Dumbriton</td><td>Pencloe Dutch Escort of Hillsdown</td></tr>
<tr><td>Fast Flo of Hillsdown</td></tr>
<tr><td rowspan="2">Courthill Country Affair at Selinko</td><td>Hillsdown Fergal</td></tr>
<tr><td>Courthill Crown of Gold</td></tr>
</table>

Whipcat Faithful at Courthill

Lorricbrook Bandleader	Sporting Fields Jazz Fest	Topaz Jazz Singer
		Sporting Fields Simplicity
	Nevedith Justa Jigsaw	Pencloe Dutch Gold
		Nutshell of Nevedith
Courthill Cafe Society	Fawnbree Special Brew at Dumbriton	Pencloe Dutch Escort of Hillsdown
		Fast Flo of Hillsdown
	Courthill Country Affair at Selinko	Hillsdown Fergal
		Courthill Crown of Gold

Whipcat Nothing But Sinnocence

Courthill Crimson Pirate	Rum Punch of Falconcrag	Millwold Gold Dust to Exhurst
		Silkstone Isolda
	Whipcat Faithful at Courthill	Lorricbrook Bandleader
		Courthill Cafe Society
Sandydown Puzzle at Courthill	Whipcat Fire Island at Courthill	Lorricbrook Bandleader
		Courthill Cafe Society
	Tragus Ice Crystal of Sandydown	Pennybeck Silver Sixpence
		Hutaka Ice Lady

Whipcat Quick Silver

Dumbriton Casting Stone	Khabaray Single Malt at Dumbriton	Fawnbree Special Brew at Dumbriton
		Hillsdown Aisling
	Dumbriton Rainon	Nevedith Justa Jesta
		Birkonbrae Forever Love
Whipcat Faith-ful at Courthill	Lorricbrook Bandleader	Sporting Fields Jazz Fest
		Nevedith Justa Jigsaw
	Courthill Cafe Society	Fawnbree Special Brew at Dumbriton
		Courthill Country Affair at Selinko

Windyglen's Pilgrim

Whoapats Tibernia	Sailaway Buga-tti Royale	Tom Terrific
		Bitch Cassidy of Course
	Ringdove Sephrenia	Ringdove Quantock
		Heklah Mercedes
Windyglen‘s To Di For	Windyglen‘s Dusty Roads	Ringdove Quasar
		Windyglen‘s Spuds McKinsey
	Regalstock Diabolique	Ringove Black Adder
		Regalstock Oryx

Wolf Tone Armani

Sportingfields Jazz Fest	Topaz Jazz Singer	Surrey Hill Rogue of Chelsea
		Shilo´s Topaz Dixie
	Sportingfields Simplicity	Sporting Fields Kinsman
		Anecho´s Mercy Me
Wolf Tone Irish Wonder	Sporting Fields Irish Mist	Seaspell´s Rip Tide
		Gold–Dust´s Champagne Parti
	Signum Soprani	Airescot Fandango
		Merci Isle Whosper To A Purr

ADRESSEN

[Deutschland]

Verband für das Deutsche Hundewesen
(VDH) e.V.
Westfalendamm 174
44141 Dortmund
Telefon: 0231 5 65 00–0
Telefax: 0231 59 24 40
info@vdh.de
www.vdh.de

Whippet Club Deutschland 1990 e.V.
1. Vorsitzender
Hans–Joachim Oschinski
Am Kirchpfad 7
64739 Höchst
Telefon: 06163 939134
Telefax: 06163 939138
oschinski@whippet–club.de
Geschäftsführerin
Dunja Baensch
Margaretenstr. 61

INTERESSANTE BÜCHER

Whippets von D. Caroline Coile
[engl.] Taschenbuch, im Buchhandel erhältlich

Whippets Today von Patsy Gilmour
[engl.] Gebundene Ausgabe, September 1994, nur noch antiquarisch

The Whippet von J. P. Moran–Healy
[engl.] Gebundene Ausgabe, 2000, nur noch antiquarisch

The English Whippet von E. G. Walsh und Mary Lowe
[engl.] Gebundene Ausgabe, Mai 1984, Neuauflage Dezember 2004, im Buchhandel erhältlich

The Whippet von Bo Bengtson
[engl.] Gebundene Ausgabe, 1985)–direkt beim Verfasser zu bestellen–
Price: $35.00 plus shipping*

Bo Bengtson
P.O. Box 479, Ojai,
CA 93024, USA
Phone 805-646-3151.
Fax 805-646-31521.
E-mail: bobengtson@impulse.net

Whippets von Shirley Rawlings
(Gebundene Ausgabe 1991)
engl.– nur noch antiquarisch–

Whippets – einer ist nie genug
von Marianne Bunyan
Gebundene Ausgabe, 255 Seiten,
49,– – direkt bei der Autorin
(inkl. MwSt. und Liefer/Portokosten), ISBN 3-8330-0137-2

Whippet – der richtige Hund für
Sie? von Marianne Bunyan
ISBN 3-8334-2507-5, Paperback,
96 Seiten, 4 Farbdruck, 19,95 €

A. H. Westerhuis
Homöopathie für Hunde (Taschenbuch)

51147 Köln
Telefon: 02203 608102
Telefax: 02203 608103
baensch@whippet-club.de
www.whippet-club.de
Deutscher Windhundzucht- und
Rennverband e.V
Geschäftsstelle
Hildesheimer Str. 26
31185 Söhlde
dwzrv@dwzrv.com

[Österreich]

Österreichischer Kynologenverband (ÖKV)
Siegfried Marcus-Strasse 7
A-2362 Biedermannsdorf
Telefon +43(0)2236 710 667

Österreichischer Klub für Windhundezucht
und Rennsport (ÖKWZR)
Präsidentin
Pillichsdorferstr. 28
Doris Getzinger

A-2203 Eibesbrunn
Telefon: +43 (0) 664 2863728
praesident@windhund.at
Geschäftsstelle
Nora Mazura
Lieleggweg 62
A-1210 Wien
Tel: +43 (0) 1 2900334
schriftleitung@windhund.at

[Schweiz]

Schweizerische Kynologische Gesellschaft:
SKG-Geschäftsstelle
Brunnmattstrasse 24
3007 Bern
E-Mail: skg@hundeweb.org

Whippet und Windspiel Club der Schweiz
Präsidentin: Barbara Elsener,
Sternenweg 4, 6342 Baar, Tel.: 0041 (0)41 720 15 15

BILDNACHWEIS

Danke an die Fotografen, die uns für unser Projekt so viele wundervolle Fotos zur Verfügung gestellt haben.

Corrine van den Broek, Grafik, Web- und Fotodesign, Am Schlag 3, 64521 Groß-Gerau, www.tierfotografie.biz, Titelbild und Coverfotos: Whipcat Roses in the Snow, Seite 30: Whipcat Roses in the Snow, Seite 35: Whipcat Singin' in the Rain, Seite 38: Whipcat November Rain & Whipcat Roses in the Snow, Seite 55: Whipcat Roses in the Snow, Seite 61: Whipcat November Rain, Seite 66: Whipcat Nothing but Sinnocence, Seite 68: Whipcat Roses in the Snow, Seite 71: Whipcat Roses in the Snow, Seite 89/90/91/92: Courthill Crystal Ring, Seite 123: Whipcat Nothing but Sinnocence

Photo Team Roberto, Esteresch 1, 48599 Gronau-Epe, www.photoroberto.de, Seite 6: Whipcat Singin' in the Rain, Seite 71: Signum Lillies & Willows, Seite 98: Whipcat Faithful at Courthill & Whipcat Fire Island at Courthill, Seite 133: Whipcat Singin' in the Rain

Rafael Herlich, Bischofsweg 7, 60589 Frankfurt a.M., info@foto-herlich.de, www.foto-herlich.de, Seite 56/57: Whipcat Inspector Clouseau, Seite 77: Whipcat Inspector Clouseau

Dagmar Ollik, Foto: Bruno Ollik, windhundwelt@ollikdesign.de, www.windhundwelt.de

Helmut Dietz, Bielefeld, www.windhund-zeitung.de, Seite 28: Windyglen's Pilgrim

Dr. Sabine Brenner, Kühle Luft 25, A-6361 Hopfgarten, mail@animagi-whippets.at, www.animagi-whippets.at, Seite 4/5: Superfly's IrDA & Windmeister's Coconut, Seite 78/79: Superfly's IrDA & Windmeister's Coconut & Willowick Excalibur, Seite 86: Superfly's IrDA & Windmeister's Coconut

Jessika Thomas, Seite 8: Whipcat U got the Look

Dr. Elke Decot, Seite 10: Whipcat November Rain & Whipcat Nobodys Fool, Seite 20: Whipcat Nobodys Fool

Anne Catherine Müller-Hermann, Seite 14: Silverarrow's Enrico

Eva Christ, Seite 16: Whipcat Roses in the Snow, Seite 24: Whipcat November Rain

Blue Spring Whippets, Danielle Lempereure, Seite 17: Blue Spring Whippets

Culture Perals Whippets, Marion Kufferath
Seite 41, Seite 42/43, Seite 58, Seite 73

Harry Weitz, Seite 48/49: Whipcat Pennies from Heaven, Seite 80, 82, 88: dto.,

Ursula Gleichmann, Seite 64: Whipcat Tallahassee Lassie

Dunja Baensch, Seite 97: Windyglen's Pilgrim & Xantana van de Spaarnemeute

Hans-Joachim Oschinski, Seite 134: Whipcat Faithful at Courthill & Sundance Abigail

HILFREICHE LINKS

The Kennel Club (UK)

http://www.thekennelclub.org.uk/

American Kennel Club

http://www.akc.org/

Amerikanischer Whippet Club

http://www.americanwhippetclub.net/

Australischer Whippet Club

http://www.geocities.com/thewhippetclub/

Kanadischer Whippet Club

http://www.whippetcanada.com/

Schwedischer Whippet Club

http://www.whippetklubben.nu/

Whippetclub Frankreich

http://membres.lycos.fr/clubfrwhip/index.html

Finnischer Whippetclub

http://www.whippetharrastajat.fi/

Whippet Club UK

http://www.thewhippetclub.com/

National Whippet Association (UK)

http://www.nationalwhippetassoc.uk.com/

INTERESSANTE WHIPPETS

Betty Barkley Emotion, geb.: 09.05.2005, Züchter & Eigentümer: Birte Nöding, Hamburg, Foto: B: Nöding

Internationaler Champion, Deutscher Champion (WCD), Deutscher Champion (VDH), Weltsieger 2003, VDH-Europasieger 2004 Courthill Crimson Pirate, geb.: 02.01.2001, Züchter: Roger Stock/GB, Eigentümer: Susanne & Hans-Joachim Oschinski/Jutta Breidenbach Höchst-Hummetroth, Foto: Oschinski

Internationaler Champion, Deutscher Champion (WCD), Deutscher Champion (VDH) DWZRV Jahressiegerin 2000 Courthill Café Society, geb.: 04.03.1996 Züchter: Roger Stock, Eigentümer: Dr. Andrea Göbel/Susanne & Hans-Joachim Oschinski

Courthill Christopher, geb.: 04.07.2006, Züchter: Roger Stock/ Patsy Gilmour/GB, Eigentümer: Susanne & Hans-Joachim Oschinski, Höchst-Hummetroth, Foto: S. Brenner

Crazy Runners Dynatmite Lady, geb.: 24.03.2005, Züchter & Eigentümer: Barbara Lani-Jung, Springe, Foto: B. Lani-Jung

Deutscher Champion WCD, WCD Clubsieger 2007, Dänischer Champion, VDH-Jugendchampion Endeavor's Starline Express, geb.: 07.07.2004, Züchter: Lori Lawrence and Linda Stewart/USA, Eigentümer: Birte Nöding, Hamburg, Foto: B. Nöding

Englischer Champion, FlicFlac Kiss of Gold, Züchter: Thomas Münch/Reinhard Seim, Reinheim Eigentümer: Morag Bolton-Lockhard/GB, Foto: T. Münch
Internationaler, Schwedischer., Norwegischer, Finnischer, Dänischer Champion, FlicFlac Kiss of Love, Züchter: Thomas Münch/ Reinhard Seim, Reinheim, Eigentümer: Stefan Raghammar/S, Foto: R. Seim

VDH Europajugendsiegerin 2004, Deutscher Champion (VDH), Deutscher Champion WCD, Internationaler Champion, BOG & Res-BIS auf der Europasieger 2004, & ResBIS auf der CACIB Ludwigshafen, BIS Skokloster 2007 Hasue Foreign Affair at Whipcat, geb.. 13:01:2003, Züchter. Banks/ Oschinski/USA, Eigentümer: Susanne & Hans-Joachim Oschinski, Höchst Hummetroth, Foto: M. Hagstedt

Deutscher Champion (Club), Deutscher Champion VDH Lorricbrook Bandleader, Züchter: Max Magder/CAN, Eigentümer: Thomas Münch/Reinhard Seim, Foto: T. Münch

Deutscher Champion (WCD), Deutscher Champion (VDH), WCD Top-Hündin 2004 & 2005 Camilla of Gentle Mind, Züchter & Eigentümer: Werner Demmerling/ Joachim Bartusch, Wipperfürth, Foto: Eva-Maria Krämer

Deutscher Champion (WCD), Deutscher Champion (VDH), WCD Top-Rüde 2005, Edward of Gentle Mind, Züchter & Eigentümer: Werner Demmerling/Joachim Bartusch, Wipperfürth, Foto: Eva-Maria Krämer

Schweizer Jugend Champion WCD Clubjugendsieger 2004, Jubilant Joceline of Gentle Mind, Züchter & Eigentümer: Werner Demmerling/Joachim Bartusch, Wipperfürth, Foto: Eva-Maria Krämer

Lord Fauntleroy of Gentle Mid-Züchter & Eigentümer: Werner Demmerling/Joachim Bartusch Foto: Eva-Maria Krämer

Internationaler Champion Schweizer Ch. Deutscher Champion (Klub), Österr. Champion. Deutscher Ch. (VDH), Magic Mystery of Goldenblue, geb.: 29.01.1999, Züchter & Eigentümer: Familie Dr. Weidmann/CH, Foto: Dr. Weidmann

Nitribit of Goldenblue, geb.: 27.01.2002, Züchter & Eigentümer: Familie Dr. Weidmann/ CH, Foto: Dr. Weidmann, Olympic Mystery of Goldenblue, geb.: 04.10.2003, Züchter & Eigentümer: Familie Dr. Weidmann/CH, Foto: Dr. Weidmann, Internationaler Champion, Deutscher Champion (WCD), Deutscher Champion (VDH), Schweizer Champion Pencloe Dutch Amber, Züchter:

Morag Bolton-Lockhard/GB, Eigentümer: Thomas Münch/Reinhard Seim, Foto: T. Münch

Deutscher Champion (VDH), Deutscher Champion (WCD), Bundessiegerin 2007, Signum Lillies & Willows, geb.: 07.01.2004 Z.: Magnus Hagstedt/Roger Wiklund/S, Eigentümer: Susanne & Hans-Joachim Oschinski/M. Hagstedt, Höchst-Hummetrot, Foto: G. Simal

Deutscher Champion (WCD), Deutscher Champion (VDH), WCD-Top Rüde 2006, Sol Y Sombra Jour de Soleil, Züchter: Botella /Vilaverde/RSA, Eigentümer: Werner Demmerling/Joachim Bartusch Wipperfürth, Foto: Oschinski

Deutscher Champion (Klub), Luxemburger Jugend Champion, DWZRV Sieger für Schönheit & Leistung, CACIL-Prüfung Callas vom Kleinen Berg, Züchter & Eigentümer: Doris Kleineberg/Bärbel Rottmann, Foto: Kleineberg

Deutscher Champion (Klub), Deutscher Champion(VDH), Deutscher Champion für Schönheit & Rennleistung Wippet Jahressieger 2003, Deutscher Coursing-Sieger 2005-2006-2007 Vitali vom Kleinenberg, geb.: 01.01.2002, Züchter & Eigentümer: Doris Kleineberg/Bärbel Rottmann, Foto: Kleineberg

Deutscher Champion (Klub), Deutscher Champion(VDH) Internationaler Champion Polnischer Champion, VDH-Europajugendsieger 1997, FCI-Europasieger 2000, Bundesjugendsieger 1998, Bundessieger 2000, Verbandssieger 1998, Jahressieger 2001 Zephir vom Kleinen Berg, Geb.: 12.01.1996, Züchter & Eigentümer: Doris Kleineberg/Bärbel Rottmann, Foto: Kleineberg

VDH - Rennchampion, Deutscher Rennchampion (WCD), Internationale Derbysiegerin 1997, WCD - Clubrennsiegerin 1998, Bundesrennsiegerin 1998, WCD - Clubrennsiegerin 1999, Deutscher Champion WCD, VDH Champion, Calandria vom Badener Moor, geb.: 18.09.1993, Züchter: Silvia

& Wolfgang Belau, Bassum, Eigentümer: Silvia & Wolfgang Belau, Bassum, Foto: Belau

Gazeera vom Badener Moor, geb.: 22.10.2004, Züchter: Silvia & Wolfgang Belau, Bassum, Eigentümer: Silvia & Wolfgang Belau, Bassum, Foto: Belau

Englischer Champion, Internationaler Champion, Deutscher Champion (WCD), Deutscher Champion (VDH), VDH Europasieger 2002 Whipcat Fire Island at Courthill geb.: 15.12.1998, Züchter: Susanne & Hans-Joachim Oschinski, Eigentümer: Roger Stock/Susanne & Hans-Joachim Oschinski, Höchst-Hummetroth, Foto: Oschinski

Deutscher Champion (WCD), Deutscher Champion (VDH), Luxemburgischer Champion, WCD Clubsiegerin 2001, Whipcat Faithful at Courthill, geb.: 15.12.1998, Züchter: Susanne & Hans-Joachim Oschinski, Eigentümer: Roger Stock/Susanne & Hans-Joachim Oschinski; Höchst-Hummetroth, Foto: Oschinski

WCD-Clubsiegerin 2007 Whipcat Nothing But Sinnocence, geb.: 15.05.2004, Züchter: Susanne & Hans-Joachim Oschinski, Eigentümer: Anne Catherine Müller-Hermann/ Susanne & Hans-Joachim Oschinski Höchst-Hummetroth, Foto: Oschinski

VDH Jugendchampion, WCD Jugendchampion, WCD Clubjugendsieger 2007, Whipcat Quick Silver, geb.: 13.02.2006, Züchter & Eigentümer: Susanne & Hans-Joachim Oschinski, Höchst-Hummetroth, Foto: P. Oliver

Int. Derby Sieger 2003 & 2005, WCD Clubrennsieger 2003 & 2004, Int. Kurzstreckenmeister 2004, Dt. Rennchampion WCD (nat.Kl.), VDH Rennchampion Windyglen's Pilgrim, Züchter: Don Papin/USA, Eigentümer: Dunja Beansch, Köln, Foto: Dietz

Deutscher Champion (WCD) Deutscher Champion (VDH), Jahressieger 2006 Wolf Tone Armani Züchter: Elisabeth Janzon/S, Eigentümer: Werner Demmerling/ Joachim Bartusch, Wipperfürth, Foto: Eva-Maria Krämer

Die Autoren

Anne Catherine Müller-Hermann, Jahrgang 1984, lebt und arbeitet in Stuttgart. Seit 2001 ist sie engagiertes Mitglied im Whippet Club Deutschland. Sie ist unter anderem für den Internetauftritt des WCD und den Whippet Report, dem Vereinsmagazin des Whippet Clubs, verantwortlich. 2003 ließ sie sich den internationalen Zwingernamen „Sinnocence" schützen.

Anne Catherine Müller-Hermann
Katharinenstr. 17
70182 Stuttgart
mueller-hermann@whippet-club.de
http://www.sinnocence.net

Susanne Oschinski
Am Kirchpfad 7
64739 Höchst-Hummetroth
oschinski@whippet-club.de
http://www.whipcat.de

Susanne Oschinski, geboren am 5. September 1962, lebt mit Ihrem Ehemann und ihren Hunden in Höchst im Odenwald. Seit 1995 züchtet sie gemeinsam mit Hans-Joachim Oschinski sehr erfolgreich Whippets unter dem Zwingernamen „Whipcat". Im Jahr 2005 wurde sie nach ihrer Ausbildung zur Spezialzuchtrichterin vom VDH zur Richterin ernannt. Daraufhin hatte sie Gelegenheit in Deutschland, Schweden, Norwegen und Belgien zu richten. Im Dezember 2006 wurde ihr das besondere Privileg zuteil, als Richterin zu einer Open Show in Groß Brittannien, dem Ursprungsland der Rasse Whippet, eingeladen zu werden.

WHIPPETS
von Anne Catherine Müller-Hermann
und Susanne Oschinski

1. Auflage 2007 – Eigenverlag

ISBN 978-3-00-023302-9

Druck: Rösler Druck, Schorndorf

http://www.whippet-buch.de